W0356689

Inhaltsverzeichnis

Lesetagebuch

Trage hier deinen Lesefortschritt nach jedem Tag ein und bewerte dabei auch deine erbrachte Leistung! Du wirst sehen, wie sich das tägliche Training bezahlt macht und du eine immer bessere Leserin/ein immer besserer Leser wirst!

	Kapitel	Thema	bearbeitet am	Bewertung deiner Leistung		
				😀	😮	😟
R	Lesetagebuch/Was liest du gerne?	Lesespaß				
Tag 1	Schau genau beim Lesen!	Fehlerfreies Lesen				
Tag 2	Willkommen im Märchenland!	Lesen & Verstehen				
R	Lesetipps & Buchempfehlungen	Lesespaß				
Tag 3	Steig auf's Gas beim Lesen!	Schnelles Lesen				
Tag 4	Die Kunst des Vorlesens	Ausdrucksvolles Lesen				
R	Lachmuskel-Training	Lesespaß				
Tag 5	Eine Reise durch Raum und Zeit	Fehlerfreies Lesen				
Bravo, du bist auf einem guten Weg zum Leseprofi!						
Tag 6	Ein glückliches Legehuhn	Lesen & Verstehen				
R	Lies dich durch die Comicwelt!	Lesespaß				
Tag 7	Blitzschnell	Schnelles Lesen				
Tag 8	Lesen wie ein Poet	Ausdrucksvolles Lesen				
R	Sprungbrettlesen/Baderegeln	Lesespaß				
Tag 9	Die Geburtsstunde Harry Potters	Lesen & Verstehen				
Tag 10	Sommerlesespiele	Fehlerfreies Lesen				
Grandios, du hast das „Ferienheft Lesen 1" erfolgreich absolviert! Gratulation! Suche dir Bücher, die dir gefallen, und lies sie in deiner Ferienzeit – der schönsten Zeit des Jahres!						

	Name der Autorin/Name des Autors	Titel des Buches	fertig gelesen am	Bewertung des Buches		
Buch 1						
Buch 2						
Du bist wohl auf den Geschmack gekommen. Bravo, weiter so, es gibt so viele tolle Bücher!						
Buch 3						
Buch 4						
Vier Bücher hast du bereits verschlungen! Hast du weiteren Appetit? Dann auf, zum nächsten Abenteuer!						
Buch 5						
Buch 6						
Sensationell, mit dieser tollen Leistung ist dir der Titel „Leseratte" sicher!						

Was liest du gerne?

Oft weiß man einfach nicht, was man lesen soll. Damit dir die Buchwahl leichter fällt, kannst du diesen Fragebogen ausfüllen. So erfährst du, welche Lektüre für dich passen könnte!

	stimmt	stimmt teilweise	stimmt nicht
1. Ich lese gerne kurze Texte über Themen, die mich gerade interessieren.	3	2	1
2. Für lustige Streiche bin ich immer zu haben.	3	2	1
3. Menschen und ihre Probleme interessieren mich sehr.	3	2	1
4. Ich forsche gerne nach und liebe spannende Fälle.	3	2	1
5. Mit Freunden etwas erleben, bedeutet mir sehr viel.	3	2	1
6. Zauberei und Magie finde ich toll.	3	2	1
7. Ich möchte gerne mehr darüber wissen, wie das Leben anderer Kinder in meinem Alter verläuft.	3	2	1
8. Witze höre und erzähle ich gerne.	3	2	1
9. Mir gefällt, wenn Gerechtigkeit siegt und Täter überführt werden können.	3	2	1
10. Ich stelle mir oft die Frage, warum oder wie etwas funktioniert.	3	2	1
11. Romantische Geschichten und Neckereien zwischen Burschen und Mädchen gefallen mir.	3	2	1
12. Mich faszinieren waghalsige Abenteuer.	3	2	1
13. Ich schaue gerne Wissensmagazine im Fernsehen.	3	2	1
14. Mich interessiert, wie andere Kinder ihre Freizeit gestalten.	3	2	1
15. Wagemutige Menschen begeistern mich.	3	2	1
16. Ich mag Geschichten von anderen Wesen und Welten.	3	2	1
17. Ich beschäftige mich mit den verschiedensten Problemen in der Welt und wie man sie lösen kann.	3	2	1
18. Der Beruf als Detektiv könnte mir gefallen.	3	2	1
19. Ich lache sehr gerne und viel.	3	2	1
20. Wenn es richtig gruselig wird, dann ist es genau richtig für mich.	3	2	1
21. Ich bin neugierig, wie andere Leute mit ihren Sorgen und Problemen umgehen.	3	2	1

Schreibe nun die Punkte, welche du für die jeweilige Frage angekreuzt hast, auf die Linie. Zähle anschließend die Punkte auch zusammen! Die meisten Punkte zeigen dir an, welcher Büchertyp du bist!

Frage 1: ____ Frage 10: ____ Frage 13: ____ Typ A Summe: ____	Frage 2: ____ Frage 8: ____ Frage 19: ____ Typ B Summe: ____	Frage 3: ____ Frage 17: ____ Frage 21: ____ Typ C Summe: ____	Frage 4: ____ Frage 9: ____ Frage 18: ____ Typ D Summe: ____
Frage 5: ____ Frage 12: ____ Frage 15: ____ Typ E Summe: ____	Frage 6: ____ Frage 16: ____ Frage 20: ____ Typ F Summe: ____	Frage 7: ____ Frage 11: ____ Frage 14: ____ Typ G Summe: ____	Am meisten Punkte habe ich erzielt bei Typ __ !

Auf Seite 10 und 11 erfährst du, welche Bücher für dich interessant sein könnten!

Zum Aufwärmen

1 Du findest hier das Alphabet von A–Z, es fehlen jedoch drei Buchstaben. Suche sie und trage sie in die freien Felder ein.

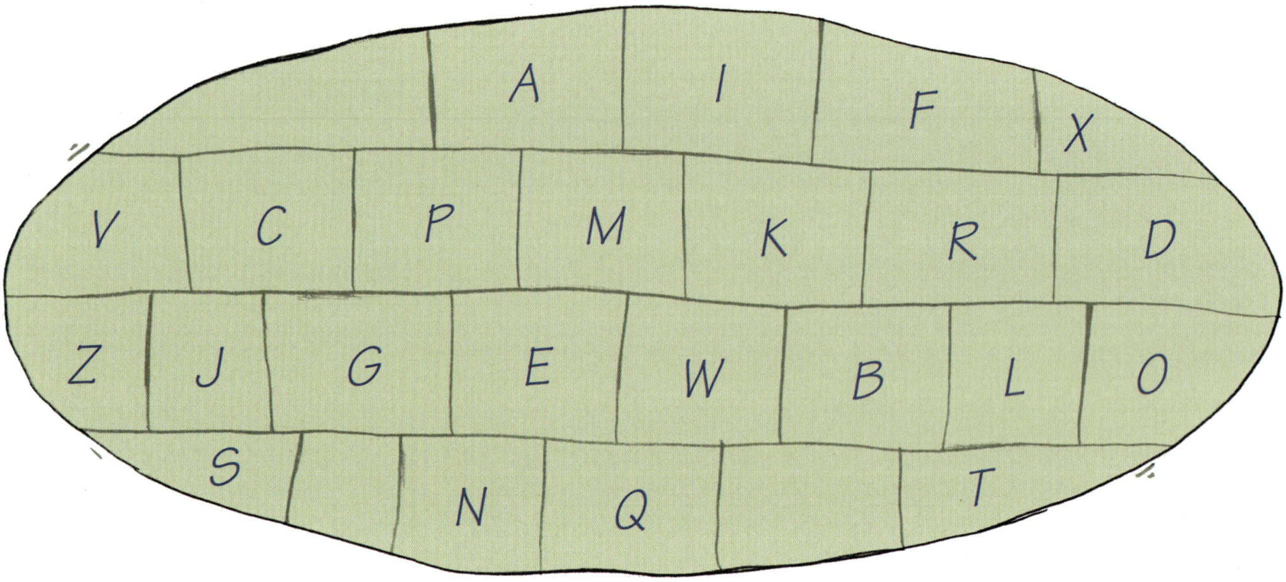

Zum Üben

2 Schaffst du es, die drei Lesedrachen ohne Fehler laut zu lesen? Steigere dein Tempo, um den Schwierigkeitsgrad zu erhöhen.

3 Lies zunächst jede Zeile langsam, aber dafür genau. Steigere beim zweiten Durchgang dein Tempo! Trage deine Fehleranzahl in die Spalten rechts ein.

	1. Mal	2. Mal
Hunde Grund Stunde küssen Fundgrube gruseln Bus lustig Nüsse kurz schluchzen		
Sage ranken Manko Gastank gratis wahrsagen kratzen garantiert bekannt Fahne		
essen Stress gepflegt gern Gezanke Messbecher genervt Gretel Gestank Regen		
holprig Hotzenplotz rostig Morgenrot frohlocken sonnig Kobold korrekt Konto		

4 In diesem Text fehlen die Wortzwischenräume und alle Wörter sind klein geschrieben. Gelingt es dir dennoch, ihn nach einer Vorbereitungszeit fehlerfrei zu lesen?

diehauskatzeverfügtübervielegutausgeprägtesinne.sokanndiekatzezwarwenigergutriechenalseinhund, aberdennochistdergeruchssinndeutlichbesseralsbeimmenschen.süßengeschmackkönnensienicht wahrnehmen,dafürerkennensieabersalzig,bitterundsauer.ihrgehöristbesondersgutausgebildetundgehört zudenbestenunterdensäugetieren.diekatzebenötigtnureinsechstelderlichtmengedesmenschen,uminder dunkelheitsehenzukönnen.wäreabergarkeinlichtvorhanden,sokönnteauchdervierbeinernichtsmehr erkennen.wennsieeinengegenstandfixierenwollen,legensiegernedenkopfschief.diesrührtdaher,dasssie waagrechtedingeundbewegungenbesserwahrnehmenalssenkrechte.wasdiewahrnehmungvonfarben betrifft,soistesdiesemtiernichtmöglich,diefarberotzuerkennen.anscheinendwirddiesegelblich wahrgenommen.auchihrtastsinnisthochentwickelt.andenvorderpfotenbefindensichsinneszellen,welche diebodenerschütterungenihrerbeutetiereregistrieren.dieschnurrhaareermöglichenihnenzuspüren,obsie durchöffnungenpassen,oderobetwasimwegist.

5 Unglaublich, bei diesem Text fehlt die Hälfte und dennoch kannst du ihn ganz bestimmt entziffern. Nach einer Vorbereitungszeit solltest du ihn auch flüssig lesen können!

Grüße Sie Gott, lieber Herr Walter,
Sie sind aber ein schöner Falter!

Ich hoffe sehr, dass Sie das nicht stört,
ich habe viel von Ihnen gehört.

Gerne wollte ich Sie mal fragen,
wie Sie es in die Häuser wagen.

Wenn ich Fliege mich dort verirre,
werde ich schon ganz leicht kirre.

Man jagt mich mit der Fliegenklatsche,
muss schauen, dass ich nicht viel tratsche.

Ansonsten, wenn ich mich versehe,
ich vor dem Himmelstore stehe.

Könnten Sie mir einen Tipp geben,
ohne wie Sie am Licht zu kleben?

Gerne werde ich mich erkenntlich zeigen,
bitte, danke und mich verneigen.

Zum Abschluss

6 Kannst du die folgenden Wörter entschlüsseln? Beachte auch den interessanten Infotext rechts!

Kaleivr güreßn kcsomih lufean
zmlceiih Rieesübro Gseudnieht
Wletiemetsr Dmkeanl vllecihiet

Wissenschaftler einer englischen Universität haben herausgefunden, dass der Mensch auch ein Wort mit „durchgeschüttelten" Buchstaben lesen kann, solange der erste und der letzte Buchstabe stimmen.

Trage nun im Lesetagebuch auf Seite 4 deinen Lesefortschritt ein!

Zum Aufwärmen

1 Wie viele Märchensymbole sind hier jeweils abgebildet?

____ (Rotkäppchen) ____ (Frau Holle) ____ (Schneewittchen)

____ (Rumpelstilzchen) ____ (Tischlein deck dich) ____ (Aschenputtel)

Zum Üben

2 Lies das Märchen einmal sorgfältig und genau durch.
Anschließend solltest du einige Fragen dazu beantworten können.

Strohhalm, Kohle und Bohne

In einem Dorfe wohnte eine arme alte Frau, die hatte für ein Gericht Bohnen zusammengebracht und wollte sie kochen. Sie machte also auf ihrem Herd ein Feuer zurecht, und damit es desto schneller brennen sollte, zündete sie es mit einer Handvoll Stroh an. Als sie die Bohnen in den Topf schüttete, entfiel ihr unbemerkt eine, die auf dem Boden neben einem Strohhalm zu liegen kam; bald danach sprang auch eine glühende Kohle vom Herd zu den beiden herab. Da fing der Strohhalm an und sprach: „Liebe Freunde, von wo kommt ihr her?“ Die Kohle antwortete: „Ich bin zu gutem Glück dem Feuer entsprungen, und hätte ich das nicht mit Gewalt durchgesetzt, so war mir der Tod gewiss; ich wäre zu Asche verbrannt.“ Die Bohne sagte: „Ich bin auch noch mit heiler Haut davongekommen, aber hätte mich die Alte in den Topf gebracht, ich wäre ohne Barmherzigkeit zu Brei gekocht worden wie meine Kameraden.“ „Wäre mir denn ein besser Schicksal zuteil geworden?“, sprach das Stroh, „Alle meine Brüder hat die Alte in Feuer und Rauch aufgehen lassen, sechzig hat sie auf einmal gepackt und ums Leben gebracht. Glücklicherweise bin ich ihr zwischen den Fingern durchgeschlüpft.“ „Was sollen wir aber nun anfangen?“, sprach die Kohle. „Ich meine“, antwortete die Bohne, „weil wir so glücklich dem Tode entronnen sind, so wollen wir als gute Gesellen zusammenhalten und damit uns hier nicht wieder ein neues Unglück ereilt, gemeinschaftlich auswandern und in ein fremdes Land ziehen.“

Der Vorschlag gefiel den beiden anderen und sie machten sich miteinander auf den Weg. Bald aber kamen sie an einen kleinen Bach, und da keine Brücke oder Steg da war, so wussten sie nicht, wie sie hinüberkommen sollten. Der Strohhalm fand guten Rat und sprach: „Ich will mich querüber legen, so könnt ihr auf mir wie auf einer Brücke hinübergehen.“ Der Strohhalm streckte sich also von einem Ufer zum anderen, und die Kohle, die von hitziger Natur war, trippelte auch ganz keck auf die neugebaute Brücke. Als sie aber in die Mitte gekommen war und unter ihr das Wasser rauschen hörte, ward ihr doch angst; sie blieb stehen und getraute sich nicht weiter. Der Strohhalm aber fing an zu brennen, zerbrach in zwei Stücke und fiel in den Bach; die Kohle rutschte nach, zischte wie sie ins Wasser kam und gab den Geist auf. Die Bohne, die vorsichtigerweise noch auf dem Ufer zurückgeblieben war, musste über die Geschichte lachen, konnte nicht aufhören und lachte so gewaltig, dass sie zerplatzte. Nun war es ebenfalls um sie geschehen, wenn nicht zu gutem Glück ein Schneider, der auf der Wanderschaft war, sich an dem Bach ausgeruht hätte. Weil er ein mitleidiges Herz hatte, so holte er Nadel und Zwirn heraus und nähte sie zusammen. Die Bohne bedankte sich bei ihm aufs Schönste. Aber da er schwarzen Zwirn gebraucht hatte, so haben seit der Zeit alle Bohnen eine schwarze Naht.

Jacob und Wilhelm Grimm: Kinder- und Hausmärchen, Otto Hendel Verlag 1812;
Text entnommen aus: http://gutenberg.spiegel.de

3 Beantworte nun die Fragen, ohne im Text nachzulesen!

1. Wo schüttete die alte Frau die Bohnen hinein? ______________________________
2. Wer fiel als Zweites auf den Boden? Die Kohle, der Strohhalm oder die Bohne? ____________
3. Wie viele Strohhalme hat die alte Frau auf einmal verbrannt? ______________________
4. Wohin wollen die drei Gesellen ziehen? ______________________________
5. Wer hat die Idee, dass er als Brücke dienen kann? ______________________
6. Warum fiel die Kohle in den Bach? ______________________________
7. Wer kam des Weges, als die Bohne platzte? ______________________
8. Warum haben alle Bohnen eine schwarze Naht? ______________________

Zum Abschluss

4 Wer sagt hier was? Ordne der Sprechblase die richtige Figur zu!

1 Heute back' ich, morgen brau' ich, übermorgen hol' ich mir der Königin ihr Kind, …

2 Knusper, knusper, knäuschen, wer knuspert an meinem Häuschen?

3 Sieben auf einen Streich!

4 Die Königstochter soll sich in ihrem fünfzehnten Jahr an einer Spindel stechen und tot umfallen.

5 Macht auf, ihr lieben Kinder, eure Mutter ist da und hat jedem von euch etwas mitgebracht.

6 Spieglein, Spieglein an der Wand, wer ist die Schönste im ganzen Land?

7 Bäumchen, rüttel dich und schüttel dich, wirf Gold und Silber über mich.

Trage nun im Lesetagebuch auf Seite 4 deinen Lesefortschritt ein!

Lesetipps & Buchempfehlungen

Lesen – eine Reise in die Fantasiewelt

Ein tolles Buch ist wie ein großes Abenteuer. Man taucht darin ein, entfaltet seine Fantasie und lebt mit. Begib dich in die Welt der Bücher! Sie wird dich fesseln und kaum mehr loslassen.

Lesetipps

- Lies Bücher, die dich auch wirklich interessieren!
- Fällt dir das Lesen noch etwas schwer, so wähle eher dünnere Bücher.
- Auch Sachbücher können eine tolle Lektüre sein.
- Wer meint, lesen sei „uncool", der irrt gewaltig. Die „Coolen" wissen gar nicht, was ihnen entgeht!
- Vor dem Einschlafen im Bett noch ein paar Seiten zu lesen, ist ein schöner Ausklang des Tages.

🎧 Diese Bücher sind auch als Hörbücher erhältlich.

Hier einige Buchempfehlungen für deinen Lesetyp:

LESETYP A: Laut Fragebogen bevorzugst du **Sachbücher**!

Tessloff Verlag, Nürnberg, 2014; Paxmann/Die sieben Weltwunder

Die Sieben Weltwunder
Band 81
Bereits vor Christi Geburt entstanden die sieben antiken Weltwunder. Es waren bauliche Kunstwerke. Zu sehen ist leider nur noch die Cheops-Pyramide. Aber wo war der Koloss von Rhodos zu finden?

DVA Verlag, München, 2006; Janßen, Werner/Hat der Weltraum eine Tür?/Klaus Ensikat

Hat der Weltraum eine Tür? 🎧 Die Kinder-Uni erklärt die Geheimnisse des Universums
(U. Janßen, K. Werner)
Was ist eigentlich das „Universum" genau? Alle, die sich für den Weltraum interessieren, bekommen hier Antworten geliefert!

Drei weitere Bücher für den Lesetyp A:

Das Kosmos-Buch der Technik: So funktioniert das! (Joel Lebeaume)	**Biologie für Kids** (Simon Egger)	**Lexikon der Tiere** (Dorling Kindersley)

LESETYP B: Laut Fragebogen bevorzugst du **lustige Bücher**!

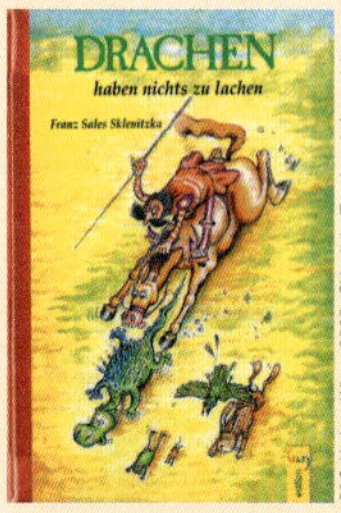

G&G Verlag, Wien, 2003; Sklenitzka/Drachen haben nichts zu lachen/Franz Sales Sklenitzka

Drachen haben nichts zu lachen 🎧
(Franz Sales Sklenitzka)
Drachen werden wegen ihrer Schuppen, Zähne und auch wegen ihres Blutes und Fleisches gejagt. Der Ritter Ottokar von Zipp kann dem ganzen nicht mehr zusehen und beschließt, die Drachen zu retten.

dtv Verlag, München, 2015; Bauer/Nennt mich nicht Ismael!/Peter Schössow

Nennt mich nicht Ismael! 🎧
(Michael Gerard Bauer)
Ismael wird in der Schule zum Mobbing-Opfer. Als ein neuer Schüler in die Klasse kommt, bei dem man aufgrund seines Aussehens glauben würde, dass ihm Ähnliches widerfährt wie Ismael, täuscht sich. Er wehrt sich mit Worten.

Drei weitere Bücher für den Lesetyp B:

Das Schwein kam mit der Post (Jörg Juretzka) 🎧	**Rennschwein Rudi Rüssel** (Uwe Timm) 🎧	**Schurken überall!** (Frank Schmeißer) 🎧

LESETYP C: Laut Fragebogen bevorzugst du **problemorientierte Bücher**!

Arena Verlag, Würzburg, 2006; Mitterer/Superhenne Hanna

Superhenne Hanna 🎧
(Felix Mitterer)
Das Huhn Hanna fasst den Entschluss, ihre Artgenossen aus der unzumutbaren Haltung in den Legebatterien zu befreien. Sie kann sogar den Fuchs dazu überreden, ihr dabei zu helfen!

cbt Verlag, München, 2014; Jonsberg/Das Blubbern von Glück/Gewiert, Michaela Kneißl

Das Blubbern von Glück 🎧
(Barry Jonsberg)
Candice Phee ist 12 Jahre alt und ihr größter Wunsch ist es, die Menschen um sie herum glücklicher zu machen. Dabei muss sie allerdings lernen, dass dies gar nicht so einfach ist.

Drei weitere Bücher für den Lesetyp C:

Vorstadtkrokodile (Max von der Grün) 🎧	**Als mein Vater die Mutter der Anna Lachs heiraten wollte** (Christine Nöstlinger) 🎧	**Essen Tote Erdbeerkuchen?** (Rosemarie Eichinger)

LESETYP D: Laut Fragebogen bevorzugst du **Kriminalbücher**!

Fischer Verlag, Frankfurt/Main, 2000: Shipton/Die Wanze/Axel Scheffler

Die Wanze
(Paul Shipton)
Der Käfer „Wanze" soll einen verschwundenen Ohrenkneifer suchen. Dabei bekommt er Ärger und stößt auf einige Ungereimtheiten. Bald befindet man sich mitten im Leben der Käfer.

Atrium Verlag, Zürich, 2001: Kästner/Emil und die Detektive/Walter Trier

Emil und die Detektive
(Erich Kästner)
Emil soll die Ferien in Berlin verbringen. Auf der Zugfahrt dorthin schläft er ein. Als er aufwacht, merkt er, dass ihm sein Geld gestohlen wurde. Eine spannende Jagd nach dem Dieb beginnt.

Drei weitere Bücher für den Lesetyp D:

- **Die schrecklichsten Mütter der Welt** (Sabine Ludwig)
- **Kommissar Kugelblitz** (Ursel Scheffler)
- **Die Zeitdetektive – Verschwörung in der Totenstadt** Band 1 (Fabian Lenk)

LESETYP E: Laut Fragebogen bevorzugst du **Abenteuerbücher**!

Dressler Verlag, Hamburg, 1998: Defoe/Robinson Crusoe/Bernhard Oberdieck

Robinson Crusoe
(Daniel Defoe)
Robinson Crusoe erleidet Schiffbruch und landet als einziger Überlebender auf einer einsamen und unbewohnten Insel. Er muss gegen Kannibalen kämpfen und mit Unwettern zurechtkommen.

Oetinger Verlag, Hamburg, 1974: Lindgren/Die Brüder Löwenherz

Die Brüder Löwenherz
(Astrid Lindgren)
Als Jonathan und sein Bruder sterben, kommen sie in das Land Nangijala. Das Leben dort wäre so friedlich, würde nicht ein grausamer Tyrann sein Unwesen treiben. Ein aufregendes Abenteuer beginnt.

Drei weitere Bücher für den Lesetyp E:

- **Holundermond** (Jutta Wilke)
- **Das Buch der seltsamen Wünsche** (Angie Westhoff)
- **Das Geheimnis des siebten Weges** (Tonke Dragt)

LESETYP F: Laut Fragebogen bevorzugst du **Fantasiebücher**!

Dressler Verlag, Hamburg, 1997: Funke/Drachenreiter/Cornelia Funke

Drachenreiter
(Cornelia Funke)
Der Drache Lung und ein Koboldmädchen machen sich auf den Weg zum „Saum des Himmels". Dort soll ein Zufluchtsort für Drachen sein. Doch auf ihrem Weg dorthin stöbert sie ein drachenjagendes Ungeheuer auf.

Carlsen Verlag, Hamburg, 1998: Rowling/Harry Potter und der Stein der Weisen

Harry Potter und der Stein der Weisen
Band 1 (Joanne K. Rowling)
Als der Waisenjunge Harry an seinem elften Geburtstag erfährt, dass er ein Zauberer ist, ändert sich in seinem Leben vieles. Er kommt auf eine Schule für Hexerei und Zauberei. In diesem Band erlebt Harry sein erstes spannendes und zugleich lustiges Schuljahr.

Drei weitere Bücher für den Lesetyp F:

- **Das Geheimnis des Bücherhüters** (Corinna Gieseler)
- **Warrior Cats – Die Wildnis** Band 1 (Erin Hunter)
- **Emerald: Die Chroniken von Anbeginn** Band 1 (John Stephens)

LESETYP G: Laut Fragebogen bevorzugst du **Mädchenbücher/Burschenbücher**!

Oetinger Verlag, Hamburg, 1996: Jacobsson, Sören/Berts gesammelte Katastrophen/Franziska Becker

Berts gesammelte Katastrophen
(A. Jacobsson, S. Olsson)
Wer von Katastrophen nie genug bekommen kann, sollte Geschichten von Bert lesen. Sein Leben schreibt er in einem Tagebuch nieder und langweilig wird diesem Jungen nie!

cbj Verlag, München, 2013: Wimmer/Ostwind

Ostwind
(Carola Wimmer)
Mika wird in den Ferien auf das Pferdegestüt ihrer Großmutter geschickt. Dort lernt sie den schwarzen Hengst „Ostwind" kennen. Dieser gilt als sehr gefährlich und unzähmbar. Dennoch beginnt eine innige Freundschaft zu dem Tier.

Drei weitere Bücher für den Lesetyp G:

- **Der Tag, an dem ich cool wurde** (Juma Kliebenstein)
- **Carlotta – Internat auf Probe** Band 1 (Dagmar Hoßfeld)
- **Die Vampirschwestern – Eine Freundin zum Anbeißen** Band 1 (Franziska Gehm)

Zum Aufwärmen

1 Lies die Wörter in aufsteigender Nummerierung möglichst schnell und fehlerfrei vor! Wie lautet der Satz?

9 geübt | 4 Lesen | 2 und | 7 Kunst, | 1 Schnelles
6 eine | 8 die | 11 will. | 5 ist | 10 sein | 3 fehlerfreies

Zum Üben

2 Sonnenschirm-Lesen: Lies die Wörter in den Sonnenschirmen möglichst schnell und fehlerfrei vor!

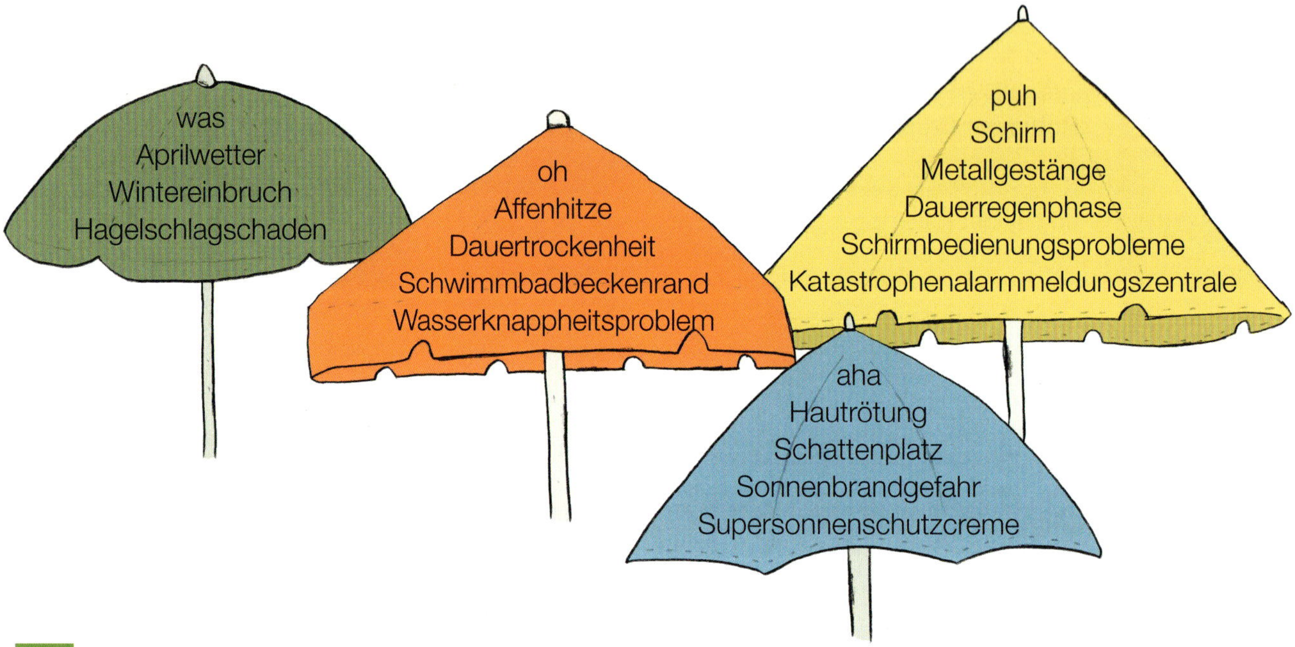

3 Kannst du den Text fehlerfrei und flüssig vorlesen?

Liebe Conny,

endlich sind wir in dem angelangt. Endlich deshalb, weil ich schon dachte, dass wir niemals unser erreichen würden. Als wir losfahren wollten, hatte unser einen . Papa musste also noch schnell den wechseln. Nach gefühlten Minuten musste bereits meine kleine Schwester Bea auf das und fand dann tatsächlich nicht mehr zum Fahrzeug zurück. Wir fanden sie mit einer Schokolade bei dem Tankwart, der ihr diese geschenkt hatte, damit sie zu aufhören möge. Wenige Kilometer weiter kamen wir in einen . Jemand hatte sein auf der Auto verloren. Am liebsten hätte ich angefangen zu , aber ich merkte, dass Papa auch schon einen hatte und er bald einen brauchen würde. Als es dann noch zu stinken begann, wir uns an und wussten, dass Felix wohl eine neue brauchte. Oben auf den wurde mir bei den vielen schlecht und wir mussten , damit ich hinter die laufen konnte. Belohnt wurden wir aber mit dem auf das . Ich freue mich, wenn ich meine Bade auspacken kann.

Liebe Grüße

Klaus

4 Diese zwei Kästen haben es in sich! Kannst du sie nach einer Vorbereitungszeit perfekt vorlesen?

GELB BLAU GRÜN SCHWARZ LILA BRAUN HELLBLAU ROT WEISS ORANGE SCHWARZ DUNKELROT GELB HELLGRÜN ROT LILA BRAUN DUNKELBRAUN WEISS GRÜN BLAU	rechts klein groß tief hoch groß klein links groß tief links tief hoch groß hoch links rechts klein groß rechts links hoch

5 In diesem Rätsel fehlen einige Wörter. Ergänze das passende Wort aus dem Wortkasten gedanklich. Übe den Text so lange, bis du ihn flüssig und fehlerfrei lesen kannst!

Freude
Tafel
sich
Schultasche
Klassenfahrten
meinen
hinter
Stress
du
auf
besonders
ich
Lehrer
längst
Vorbereitungs- und
Korrekturarbeit

Wer ist gesucht?

Mit Kreide und _____ arbeite ich täglich, auch unzählige Schularbeiten habe _____ schon geschrieben. Trotzdem liegt meine Schulzeit bereits _____ mir. Auf _____ freue ich mich _____, hier kann man den Schulalltag mal hinter _____ lassen. Ansonsten packe ich jeden Morgen meine _____ und mache mich _____ den Weg in die Arbeit. Voraussetzung für _____ Beruf ist die _____, jemandem etwas beizubringen. _____ sollte man gut vertragen und auch die _____ sollte man gerne erledigen.
Sicherlich hast du meinen Beruf _____ erkannt, _____ erlebst mich ja fast tagtäglich: Ich bin _____.

Zum Abschluss

6 Rechnen mal anders: Lies die Aufgaben vor und löse sie auch!

a) sieben mal 3 – siebzehn plus 5 + zwei – eins plus 10 minus zwanzig = ____

b) 4 x fünf + 18 minus neun – 2 plus dreizehn + 11 minus einunddreißig = ____

c) zwei x 12 + siebenundzwanzig plus 4 minus 15 – zweiundzwanzig + 1 = ____

d) Achtung schwierig: 8 x zwölf – zweiundzwanzig plus 3 = ____ : 11 = ____

Trage nun im Lesetagebuch auf Seite 4 deinen Lesefortschritt ein!

Zum Aufwärmen

1 Kannst du die Tipps zum guten Vorlesen entziffern? Lies sie nach einer Vorbereitungszeit fehlerfrei vor! Für welche Buchstaben stehen die folgenden drei Zeichen?

■ = ___ ✱ = ___ ● = ___

V■rs■tz■ d✱ch ✱n d✱■ S✱tu●t✱on d■s T■xt■s und v■rsuch■, mögl✱chst „■rzähl■nd“ zu l■s■n.

V●r✱✱■r■ T■mpo, L●utstärk■ und B■tonung g●nz g■z✱■lt b■✱m Vorl■s■n!

●cht■ ●uf ■✱n■ j■w■✱ls zum T■xt p●ss■nd■ St✱mml●g■!

●uch kl■✱n■ P●us■n s✱nd w✱cht✱g, s✱■ gl✱■d■rn d■n T■xt und v■rsch●ff■n d■m Zuhör■r R●um für ■✱n gut■s V■rständn✱s.

Zum Üben

2 Lies den Satz in den verschiedenen Stimmungen vor! Achte dabei auf einen jeweils passenden Tonfall!

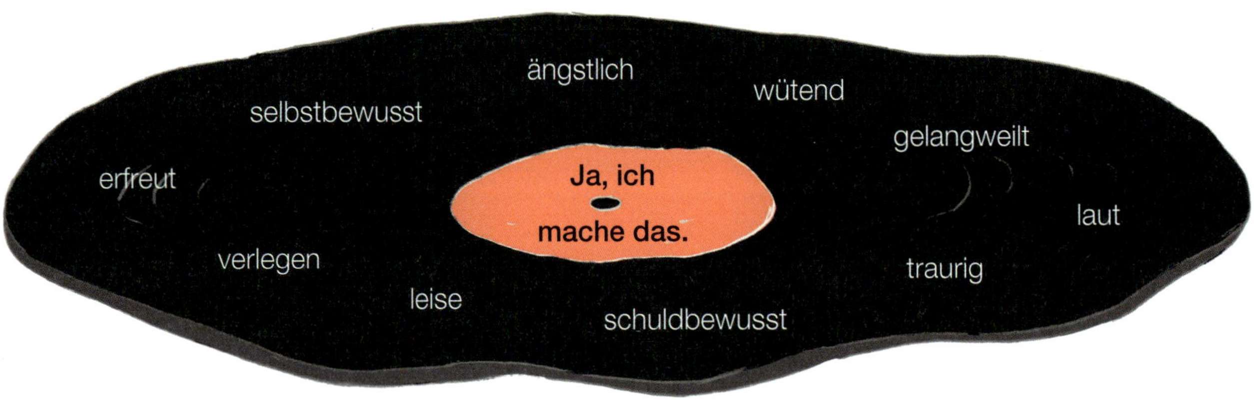

3 Betont wird, was man hervorheben möchte. Lies jeden Satz so oft, wie in Klammer angegeben, und betone jeweils ein unterstrichenes Wort/eine unterstrichene Wortgruppe!

<u>Jeden</u> Morgen <u>muss</u> <u>ich</u> <u>das Bett</u> machen. (4-mal)

<u>Diese</u> Ferien scheinen <u>kein</u> Ende zu nehmen. (2-mal)

Hilf <u>mir</u> <u>bitte</u> <u>sofort</u> <u>beim Aufräumen</u> der Puzzleteile! (4-mal)

<u>In der Sonne</u> liegst <u>du</u> nun schon <u>so lange</u>! (3-mal)

<u>Sie</u> weiß, dass <u>Paul</u> <u>ihr</u> Buch <u>wieder</u> vergessen wird. (4-mal)

4 Bereite den Text gut vor. Halte dich beim Vorlesen der wörtlichen Reden exakt an die Anweisungen rechts!

Die Bremer Stadtmusikanten im Interview

„Meine Damen und Herren, heute haben wir ein Exklusiv-Interview mit den Bremer-Stadtmusikanten! Herzlich willkommen ihr vier!", jubelt der Reporter.	überschwänglich
„Einen wunderschönen, fabelhaften guten Morgen!", krächzt der Hahn.	laut krächzend
„Schön, hier zu sein", spricht der Hund mit halblauter Stimme.	sachlich
„Sagt, wie habt ihr euch kennen gelernt?", fragt der Interviewer.	fragend
„Wir sind abgehauen! Man wollte uns alle loswerden! Ich war dem Bauern zu alt und zu schwach. Er war kurz davor, mich herzugeben!", berichtet der Esel entrüstet.	wütend
„Und mein Herr wollte mich totschießen, nur weil ich nicht mehr so gut jagen kann!", knurrt der Hund.	vorwurfsvoll
„Mich wollte die Alte ersäufen! Nur weil ich zu alt zum Mäusejagen bin!", empört sich die Katze.	laut ausrufend
„Mir wollten sie den Kopf abschlagen und – kann man sich das vorstellen – eine Suppe aus mir machen!", wimmert der Hahn.	traurig
„Aber eigentlich war es der Esel, der uns ermutigt hat, mitzukommen!", erzählt die Katze stolz.	selbstbewusst
„Ach was, ich freue mich einfach, dass ihr da seid", spricht der Esel peinlich berührt.	verlegen
„Nein, nein, keine falsche Bescheidenheit! Ehre, wem Ehre gebührt!", bellt der Hund würdevoll.	selbstbewusst
„Apropos Ehre, ihr wohnt hier ganz nett!", sagt der Mann anerkennend.	lobend
„Ja, wir haben renoviert, nachdem wir die Räuber verjagt hatten!", berichtet der Hahn mit geschwollener Brust.	freudig
„Was? Hier haben Räuber gewohnt?", fragt der Reporter erstaunt.	erstaunt fragend
„Oh ja, grässliche und furchteinflößende noch dazu! Einen haben wir besonders bearbeitet!", entgegnet die Katze.	bedrohlich
„Ich habe zugebissen", meint der Hund. „Ich habe ihn gekratzt", schreit die Katze. „Und ich habe ihn mit meinem Huf getreten!", wiehert der Esel. „Mein Schrei „Kikeriki" hat ihm den Rest gegeben", prustet der Hahn.	stolz
„Hört sich das einer an! Ihr seid ja mutig noch dazu!", staunt der Reporter.	überrascht
„Ja, wir lassen uns nichts mehr gefallen!", rufen alle Viere im Chor.	laut

Zum Abschluss

5 Lies jedes Wort so vor, wie beschrieben. Gelingt dir das überzeugend?

flüsternd klagend schnell lustig sanft genervt sachlich

fragend müde langsam laut höflich erfreut leise bissig

Trage nun im Lesetagebuch auf Seite 4 deinen Lesefortschritt ein!

Lachmuskel-Training

1 Drei Witze zu je 4 Sätzen stecken in diesem „Witzsalat“. Du erkennst sie an den Farben. Nummeriere jeden Witz mit den Zahlen 1 bis 4, so dass insgesamt drei sinnvolle Witze entstehen!

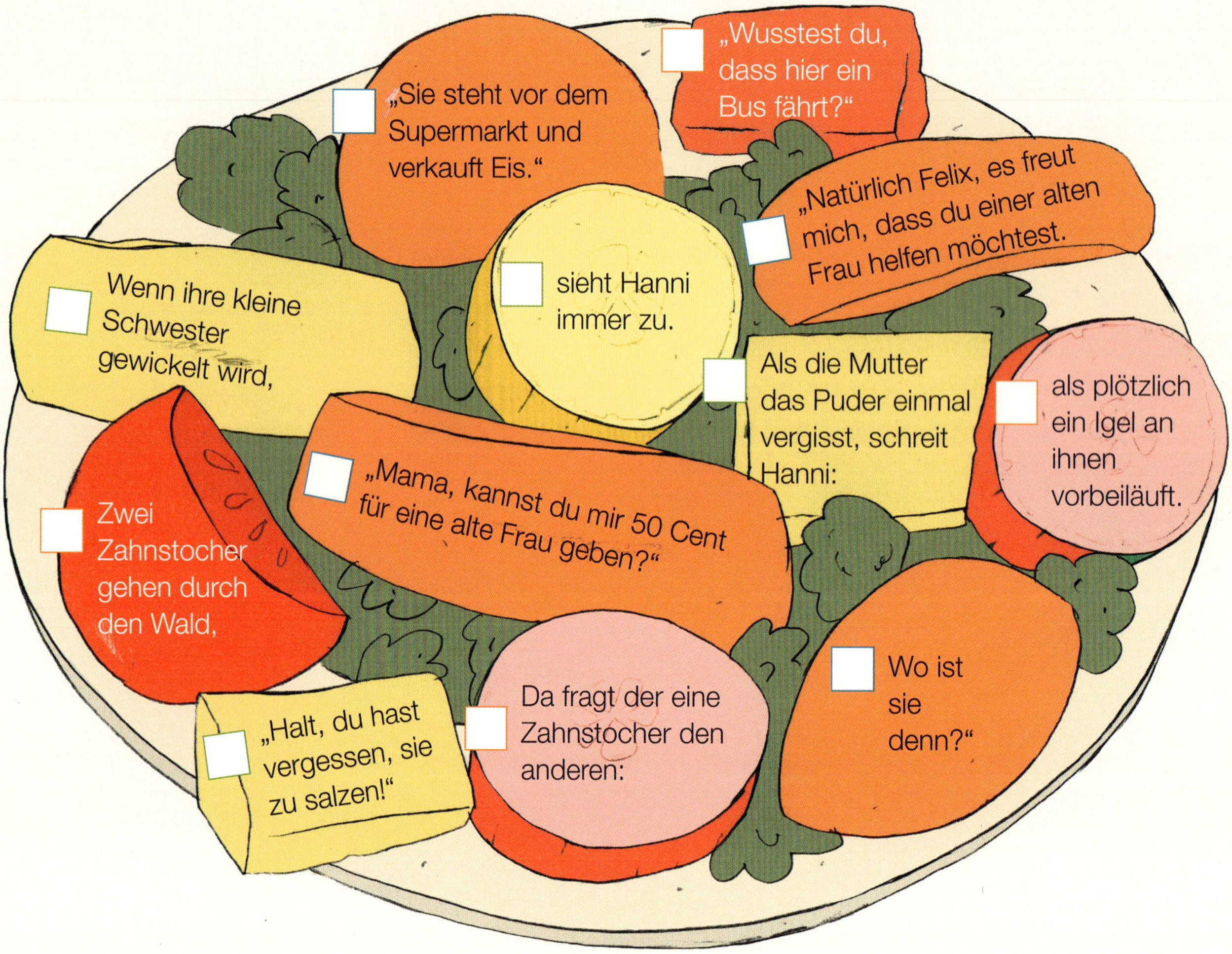

2 Lies den ganzen Text zuerst einmal vollständig durch! Lies dann im zweiten Durchgang die beiden Texte getrennt, du erkennst sie an der Schrift.

Der Nachbar dachte sich, wie toll sie doch heute ausschaut.
Die Kuh muhte Richtung Stalltür:
„Guten Morgen Frau Müller, Ihre Haare sind heute der Knüller!“
Der Esel daneben nickte nur und dachte sich seinen Teil.
„Was soll dieser blöde Spruch?“, erwiderte die unfrisierte Dame.
Weil sie nicht beachtet wurde, ließ die genervte Kuh aus Ärger einen Kuhfladen fallen.
„Die gibt heute wieder mal ordentlich Gas“, dachte sich der Nachbar.
„Das gefällt mir“, freute sich der Esel, „wenn nur der Gestank nicht wäre!“
„So lästig, aber der Geruch ist atemberaubend, was das wohl für ein Duft ist?“, überlegte die Dame.
Der Bauer kam dazu und rutsche glatt auf dem Kuhfladen aus.
„Noch ein Nachbar, das halte ich heute nicht mehr aus!“
„Du alte Stinkmorchel, das habe ich dir zu verdanken!“, fluchte er.
„Lieber verziehe ich mich wieder“, dachte sie.
„Die blöde Kuh kann mir gestohlen bleiben!“

3 Willkommen beim Witze-Wettbewerb! Lies dir alle zehn Witze durch. Bewerte sie anschließend nach ihrer Witzigkeit, indem du die jeweilige Nummer rechts auf dem „Lachometer“ einträgst!

① Eine Känguru-Mutter kratzt sich nach Leibeskräften. Dann fährt sie ihr Baby an: „Wie oft habe ich dir schon gesagt, dass du den Zwieback nicht im Bett essen sollst!“	② An der Kinokasse: „Sebastian, du kaufst dir ja jetzt schon zum dritten Mal eine Karte!“ „Ja, die Frau am Eingang zerreißt sie immer!“
③ Zwei Mädchen kommen viel zu spät heim. Sagt die eine: „Jetzt wird meine Mutter vor Wut kochen.“ Sagt die andere: „Du hast es gut, ich bekomme um diese Zeit nie etwas Warmes.“	④ Verkehrsfunk: „Bitte fahren Sie äußerst rechts und überholen Sie nicht, es kommt Ihnen ein Geisterfahrer entgegen!“ Mann empört: „Einer? Hunderte!“
⑤ Fragt Andreas den Lehrer: „Was heißt das, was Sie da mit roter Tinte unter meinen Aufsatz geschrieben haben?“ – „Deutlicher schreiben!“	⑥ „Ich glaube, unsere Maria hat meine Intelligenz“, sagt der Vater. „Das kann schon sein“, antwortet die Mutter, „ich habe ja meine noch.“
⑦ Herr Meier kommt mit seiner Tochter in die Tierhandlung und fragt: „Bekomme ich bei Ihnen einen Hund für meine Tochter?“ Der Verkäufer schüttelt den Kopf: „Tut mir leid, wir tauschen nicht!“	⑧ Kriecht eine Schnecke im Winter den Kirschbaum hoch. Fragen zwei Vögel verwundert: „Was machst du denn da?“ Sagt die Schnecke: „Na, Kirschen essen!“ „Aber die sind doch noch gar nicht reif!“ „Aber wenn ich oben bin, dann schon!“
⑨ „Hast du schon einmal gesehen, wie ein Kälbchen geboren wird?“, fragt der Bauer. „Nein, wie denn?“ „Zuerst kommen die Vorderbeine, dann der Kopf, dann die Schultern und der Körper und zum Schluss die Hinterbeine.“ „Toll, und wer bastelt das dann alles wieder zusammen?“	⑩ Während der Theatervorstellung flüstern Herr und Frau Huber miteinander. Der Mann, der neben Herrn Huber sitzt, beschwert sich: „Entschuldigung, aber man versteht kein Wort!“ Darauf Huber empört: „Das wäre ja noch schöner! Sie müssen ja nicht alles mitkriegen, was meine Frau und ich uns zu sagen haben!“

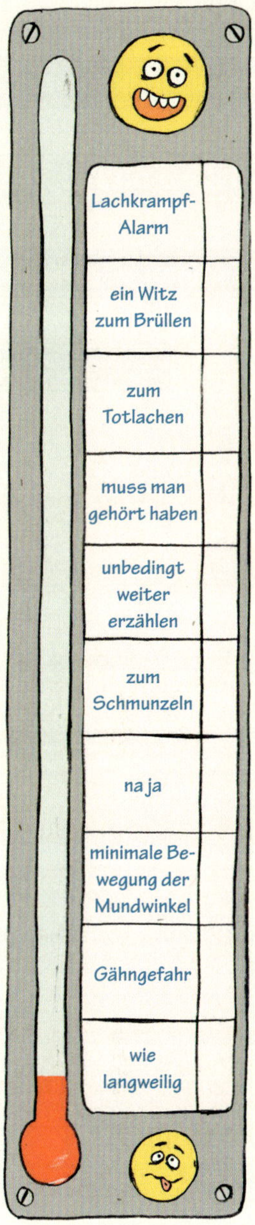

Witze entnommen aus: JÖ – Das Jugendmagazin. Innsbruck: Jungösterreich Zeitschriftenverlag. Hefte vom November 2012, Februar 2013, März 2013, September 2013

4 Nur selten weiß man bei Scherzfragen sofort die passende Antwort. Im Kasten darunter findest du mögliche Antworten, aber nur fünf davon sind richtig!

Welcher Kater miaut nicht? ______________________

Was fällt durch die Fensterscheibe, ohne sie zu zerbrechen? __________

Wer ist ziemlich leicht aus der Fassung zu bringen? ____________

Was geht über das Wasser und wird nicht nass? ______________

Wer hat 21 Augen und kann doch nicht sehen? ______________

der Türstock • das Tischbein • der Muskelkater • die Lampe • der Spiegel • der Würfel • die Karten • das Licht • die Spinne • der Ring • die Brücke • die Wolke • die Glühbirne • das Seil • der Mond

Trage nun im Lesetagebuch auf Seite 4 deinen Lesefortschritt ein!

Zum Aufwärmen

1 Versuche die Straßennamen nach einer Vorbereitungszeit fehlerfrei zu lesen!

Ballkleidkorsett-Gasse | Sparstrumpfgürtel | Mozartperückenallee

Franzi-und-Sissi-Straße | Libellenflügelau | Kronprinz-Pumpernickel-Weg

Hofnarrwitzemeisterweg | Fallnichtrein-Graben | Kopfsteinpflasterrumpelstraße

Springbrunnenwünschdirwasfeld | Pferdehäuferlplatz

Zum Üben

2 Lies die Wörter möglichst schnell in aufsteigender Nummerierung durch! Trage die Fehleranzahl unten in jede Säulentafel ein!

Säulenlesen – wie die alten Römer

1 römisch	3 scheinbar	4 Laib	6 Freiheit	7 trinken
14 uralt	7 knacken	10 Schädel	14 erleben	3 Segel
9 Altertum	16 Schwert	8 pünktlich	2 Diener	13 wohl
16 Kampf	10 zahm	16 jubeln	10 wenig	5 dessen
5 Lanze	1 wimmern	18 Säulen	4 Robe	12 Rösser
11 Irrfahrt	13 murren	3 fliehen	16 prima	17 kräftig
4 Verlies	6 elegant	15 genauso	9 ländlich	10 Höhle
12 Drachen	15 hübsch	7 flüchten	18 reisen	2 hinauf
6 opfern	9 Mumie	5 Schloss	1 grausam	16 Grenzen
17 Kaiserin	17 Pfeil	12 fertig	13 Elend	6 Pharao
3 Pyramide	2 achten	2 Kompass	11 abwärts	8 entstehen
7 Steinzeit	5 Rüstung	17 ärmlich	7 Sandalen	15 flechten
15 mutig	12 scharren	14 Perücke	15 forschen	11 bereits
2 Rittertum	18 packte	9 einerseits	17 Seefahrt	4 königlich
13 Kutsche	11 östlich	11 gierig	3 erfinden	14 Palast
10 erobern	4 tapfer	1 Schiff	8 zittern	18 Ozean
8 Sklaverei	14 wirksam	13 Cäsar	12 sowieso	9 reiten
18 Ruine	8 Ziffer	6 wäre	5 Münzen	1 Magd

3 Seit fast 1300 Jahren hält Kaiserin Romulina I von Rom den Rekord im Säulenschnelllesen. Ihre Bestzeit für eine fehlerfrei gelesene Säule liegt bei **30 Sekunden**! Schaffst du es, sie zu unterbieten?

Meine Bestzeit für eine fehlerfrei gelesene Säule: ____

LÖSUNGEN

1

1. Klasse NMS/AHS

VERITAS
Gemeinsam besser lernen

Lesetagebuch

Trage hier deinen Lesefortschritt nach jedem Tag ein und bewerte dabei auch deine erbrachte Leistung! Du wirst sehen, wie sich das tägliche Training bezahlt macht und du eine immer bessere Leserin/ein immer besserer Leser wirst!

	Kapitel	Thema	bearbeitet am	Bewertung deiner Leistung 😀	😮	😕
R	Lesetagebuch/Was liest du gerne?	Lesespaß				
Tag 1	Schau genau beim Lesen!	Fehlerfreies Lesen				
Tag 2	Willkommen im Märchenland!	Lesen & Verstehen				
R	Lesetipps & Buchempfehlungen	Lesespaß				
Tag 3	Steig auf's Gas beim Lesen!	Schnelles Lesen				
Tag 4	Die Kunst des Vorlesens	Ausdrucksvolles Lesen				
R	Lachmuskel-Training	Lesespaß				
Tag 5	Eine Reise durch Raum und Zeit	Fehlerfreies Lesen				
Bravo, du bist auf einem guten Weg zum Leseprofi!						
Tag 6	Ein glückliches Legehuhn	Lesen & Verstehen				
R	Lies dich durch die Comicwelt!	Lesespaß				
Tag 7	Blitzschnell	Schnelles Lesen				
Tag 8	Lesen wie ein Poet	Ausdrucksvolles Lesen				
R	Sprungbrettlesen/Baderegeln	Lesespaß				
Tag 9	Die Geburtsstunde Harry Potters	Lesen & Verstehen				
Tag 10	Sommerlesespiele	Fehlerfreies Lesen				

Grandios, du hast das „Ferienheft Lesen 1“ erfolgreich absolviert! Gratulation!
Suche dir Bücher, die dir gefallen, und lies sie in deiner Ferienzeit – der schönsten Zeit des Jahres!

	Name der Autorin/Name des Autors	Titel des Buches	fertig gelesen am	Bewertung des Buches		
Buch 1						
Buch 2						
Du bist wohl auf den Geschmack gekommen. Bravo, weiter so, es gibt so viele tolle Bücher!						
Buch 3						
Buch 4						
Vier Bücher hast du bereits verschlungen! Hast du weiteren Appetit? Dann auf, zum nächsten Abenteuer!						
Buch 5						
Buch 6						

Sensationell, mit dieser tollen Leistung ist dir der Titel „Leseratte“ sicher!

Was liest du gerne?

Oft weiß man einfach nicht, was man lesen soll. Damit dir die Buchwahl leichter fällt, kannst du diesen Fragebogen ausfüllen. So erfährst du, welche Lektüre für dich passen könnte!

	stimmt	stimmt teilweise	stimmt nicht
1. Ich lese gerne kurze Texte über Themen, die mich gerade interessieren.	3	2	1
2. Für lustige Streiche bin ich immer zu haben.	3	2	1
3. Menschen und ihre Probleme interessieren mich sehr.	3	2	1
4. Ich forsche gerne nach und liebe spannende Fälle.	3	2	1
5. Mit Freunden etwas erleben, bedeutet mir sehr viel.	3	2	1
6. Zauberei und Magie finde ich toll.	3	2	1
7. Ich möchte gerne mehr darüber wissen, wie das Leben anderer Kinder in meinem Alter verläuft.	3	2	1
8. Witze höre und erzähle ich gerne.	3	2	1
9. Mir gefällt, wenn Gerechtigkeit siegt und Täter überführt werden können.	3	2	1
10. Ich stelle mir oft die Frage, warum oder wie etwas funktioniert.	3	2	1
11. Romantische Geschichten und Neckereien zwischen Burschen und Mädchen gefallen mir.	3	2	1
12. Mich faszinieren waghalsige Abenteuer.	3	2	1
13. Ich schaue gerne Wissensmagazine im Fernsehen.	3	2	1
14. Mich interessiert, wie andere Kinder ihre Freizeit gestalten.	3	2	1
15. Wagemutige Menschen begeistern mich.	3	2	1
16. Ich mag Geschichten von anderen Wesen und Welten.	3	2	1
17. Ich beschäftige mich mit den verschiedensten Problemen in der Welt und wie man sie lösen kann.	3	2	1
18. Der Beruf als Detektiv könnte mir gefallen.	3	2	1
19. Ich lache sehr gerne und viel.	3	2	1
20. Wenn es richtig gruselig wird, dann ist es genau richtig für mich.	3	2	1
21. Ich bin neugierig, wie andere Leute mit ihren Sorgen und Problemen umgehen.	3	2	1

Schreibe nun die Punkte, welche du für die jeweilige Frage angekreuzt hast, auf die Linie. Zähle anschließend die Punkte auch zusammen! Die meisten Punkte zeigen dir an, welcher Büchertyp du bist!

Frage 1: ____ Frage 10: ____ Frage 13: ____ Typ A Summe: ____	Frage 2: ____ Frage 8: ____ Frage 19: ____ Typ B Summe: ____	Frage 3: ____ Frage 17: ____ Frage 21: ____ Typ C Summe: ____	Frage 4: ____ Frage 9: ____ Frage 18: ____ Typ D Summe: ____
Frage 5: ____ Frage 12: ____ Frage 15: ____ Typ E Summe: ____	Frage 6: ____ Frage 16: ____ Frage 20: ____ Typ F Summe: ____	Frage 7: ____ Frage 11: ____ Frage 14: ____ Typ G Summe: ____	Am meisten Punkte habe ich erzielt bei Typ __!

Auf Seite 10 und 11 erfährst du, welche Bücher für dich interessant sein könnten!

Zum Aufwärmen

1 Du findest hier das Alphabet von A–Z, es fehlen jedoch drei Buchstaben. Suche sie und trage sie in die freien Felder ein.

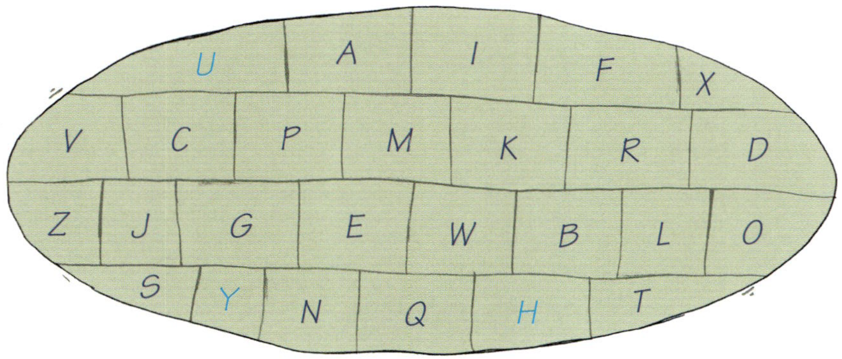

Zum Üben

2 Schaffst du es, die drei Lesedrachen ohne Fehler laut zu lesen? Steigere dein Tempo, um den Schwierigkeitsgrad zu erhöhen.

3 Lies zunächst jede Zeile langsam, aber dafür genau. Steigere beim zweiten Durchgang dein Tempo! Trage deine Fehleranzahl in die Spalten rechts ein.

	1. Mal	2. Mal
Hunde Grund Stunde küssen Fundgrube gruseln Bus lustig Nüsse kurz schluchzen		
Sage ranken Manko Gastank gratis wahrsagen kratzen garantiert bekannt Fahne		
essen Stress gepflegt gern Gezanke Messbecher genervt Gretel Gestank Regen		
holprig Hotzenplotz rostig Morgenrot frohlocken sonnig Kobold korrekt Konto		

4 In diesem Text fehlen die Wortzwischenräume und alle Wörter sind klein geschrieben. Gelingt es dir dennoch, ihn nach einer Vorbereitungszeit fehlerfrei zu lesen?

Die Hauskatze verfügt über viele gut ausgeprägte Sinne. So kann die Katze zwar weniger gut riechen als ein Hund, aber dennoch ist der Geruchssinn deutlich besser als beim Menschen. Süßen Geschmack können sie nicht wahrnehmen, dafür erkennen sie aber salzig, bitter und sauer. Ihr Gehör ist besonders gut ausgebildet und gehört zu den besten unter den Säugetieren. Die Katze benötigt nur ein Sechstel der Lichtmenge des Menschen, um in der Dunkelheit sehen zu können. Wäre aber gar kein Licht vorhanden, so könnte auch der Vierbeiner nichts mehr erkennen. Wenn sie einen Gegenstand fixieren wollen, legen sie gerne den Kopf schief. Dies rührt daher, dass sie waagrechte Dinge und Bewegungen besser wahrnehmen als senkrechte. Was die Wahrnehmung von Farben betrifft, so ist es diesem Tier nicht möglich, die Farbe Rot zu erkennen. Anscheinenc wird diese gelblich wahrgenommen. Auch ihr Tastsinn ist hoch entwickelt. An den Vorderpfoten befinden sich Sinneszellen, welche die Bodenerschütterungen ihrer Beutetiere registrieren. Die Schnurrhaare ermöglichen ihnen zu spüren, ob sie durch Öffnungen passen, oder ob etwas im Weg ist.

5 Unglaublich, bei diesem Text fehlt die Hälfte und dennoch kannst du ihn ganz bestimmt entziffern. Nach einer Vorbereitungszeit solltest du ihn auch flüssig lesen können!

Grüße Sie Gott, lieber Herr Walter,
Sie sind aber ein schöner Falter!

Ich hoffe sehr, dass Sie das nicht stört,
ich habe viel von Ihnen gehört.

Gerne wollte ich Sie mal fragen,
wie Sie es in die Häuser wagen.

Wenn ich Fliege mich dort verirre,
werde ich schon ganz leicht kirre.

Man jagt mich mit der Fliegenklatsche,
muss schauen, dass ich nicht viel tratsche.

Ansonsten, wenn ich mich versehe,
ich vor dem Himmelstore stehe.

Könnten Sie mir einen Tipp geben,
ohne wie Sie am Licht zu kleben?

Gerne werde ich mich erkenntlich zeigen,
bitte, danke und mich verneigen.

Zum Abschluss

6 Kannst du die folgenden Wörter entschlüsseln? Beachte auch den interessanten Infotext rechts!

Klavier grüßen komisch laufen
ziemlich Reisebüro Gesundheit
Weltmeister Denkmal vielleicht

Wissenschaftler einer englischen Universität haben herausgefunden, dass der Mensch auch ein Wort mit „durchgeschüttelten" Buchstaben lesen kann, solange der erste und der letzte Buchstabe stimmen.

Trage nun im Lesetagebuch auf Seite 4 deinen Lesefortschritt ein!

Zum Aufwärmen

1 Wie viele Märchensymbole sind hier jeweils abgebildet?

17 (Rotkäppchen) 20 (Frau Holle) 19 (Schneewittchen)

22 (Rumpelstilzchen) 18 (Tischlein deck dich) 21 (Aschenputtel)

Zum Üben

2 Lies das Märchen einmal sorgfältig und genau durch.
Anschließend solltest du einige Fragen dazu beantworten können.

Strohhalm, Kohle und Bohne

In einem Dorfe wohnte eine arme alte Frau, die hatte für ein Gericht Bohnen zusammengebracht und wollte sie kochen. Sie machte also auf ihrem Herd ein Feuer zurecht, und damit es desto schneller brennen sollte, zündete sie es mit einer Handvoll Stroh an. Als sie die Bohnen in den Topf schüttete, entfiel ihr unbemerkt eine, die auf dem Boden neben einem Strohhalm zu liegen kam; bald danach sprang auch eine glühende Kohle vom Herd zu den beiden herab. Da fing der Strohhalm an und sprach: „Liebe Freunde, von wo kommt ihr her?“ Die Kohle antwortete: „Ich bin zu gutem Glück dem Feuer entsprungen, und hätte ich das nicht mit Gewalt durchgesetzt, so war mir der Tod gewiss; ich wäre zu Asche verbrannt.“ Die Bohne sagte: „Ich bin auch noch mit heiler Haut davongekommen, aber hätte mich die Alte in den Topf gebracht, ich wäre ohne Barmherzigkeit zu Brei gekocht worden wie meine Kameraden.“ „Wäre mir denn ein besser Schicksal zuteil geworden?“, sprach das Stroh, „Alle meine Brüder hat die Alte in Feuer und Rauch aufgehen lassen, sechzig hat sie auf einmal gepackt und ums Leben gebracht. Glücklicherweise bin ich ihr zwischen den Fingern durchgeschlüpft.“ „Was sollen wir aber nun anfangen?“, sprach die Kohle. „Ich meine“, antwortete die Bohne, „weil wir so glücklich dem Tode entronnen sind, so wollen wir als gute Gesellen zusammenhalten und damit uns hier nicht wieder ein neues Unglück ereilt, gemeinschaftlich auswandern und in ein fremdes Land ziehen.“

Der Vorschlag gefiel den beiden anderen und sie machten sich miteinander auf den Weg. Bald aber kamen sie an einen kleinen Bach, und da keine Brücke oder Steg da war, so wussten sie nicht, wie sie hinüberkommen sollten. Der Strohhalm fand guten Rat und sprach: „Ich will mich querüber legen, so könnt ihr auf mir wie auf einer Brücke hinübergehen.“ Der Strohhalm streckte sich also von einem Ufer zum anderen, und die Kohle, die von hitziger Natur war, trippelte auch ganz keck auf die neugebaute Brücke. Als sie aber in die Mitte gekommen war und unter ihr das Wasser rauschen hörte, ward ihr doch angst; sie blieb stehen und getraute sich nicht weiter. Der Strohhalm aber fing an zu brennen, zerbrach in zwei Stücke und fiel in den Bach; die Kohle rutschte nach, zischte wie sie ins Wasser kam und gab den Geist auf. Die Bohne, die vorsichtigerweise noch auf dem Ufer zurückgeblieben war, musste über die Geschichte lachen, konnte nicht aufhören und lachte so gewaltig, dass sie zerplatzte. Nun war es ebenfalls um sie geschehen, wenn nicht zu gutem Glück ein Schneider, der auf der Wanderschaft war, sich an dem Bach ausgeruht hätte. Weil er ein mitleidiges Herz hatte, so holte er Nadel und Zwirn heraus und nähte sie zusammen. Die Bohne bedankte sich bei ihm aufs Schönste. Aber da er schwarzen Zwirn gebraucht hatte, so haben seit der Zeit alle Bohnen eine schwarze Naht.

Jacob und Wilhelm Grimm: Kinder- und Hausmärchen, Otto Hendel Verlag 1812;
Text entnommen aus: http://gutenberg.spiegel.de

3 Beantworte nun die Fragen, ohne im Text nachzulesen!

1. Wo schüttete die alte Frau die Bohnen hinein? in den Topf
2. Wer fiel als Zweites auf den Boden? Die Kohle, der Strohhalm oder die Bohne? die Kohle
3. Wie viele Strohhalme hat die alte Frau auf einmal verbrannt? sechzig Strohhalme
4. Wohin wollen die drei Gesellen ziehen? in ein fremdes Land
5. Wer hat die Idee, dass er als Brücke dienen kann? der Strohhalm
6. Warum fiel die Kohle in den Bach? Der brennende Strohhalm brach und die Kohle rutschte nach.
7. Wer kam des Weges, als die Bohne platzte? ein Schneider
8. Warum haben alle Bohnen eine schwarze Naht? durch das Zusammennähen mit Zwirn

Zum Abschluss

4 Wer sagt hier was? Ordne der Sprechblase die richtige Figur zu!

Trage nun im Lesetagebuch auf Seite 4 deinen Lesefortschritt ein!

Lesetipps & Buchempfehlungen

Lesen – eine Reise in die Fantasiewelt

Ein tolles Buch ist wie ein großes Abenteuer. Man taucht darin ein, entfaltet seine Fantasie und lebt mit. Begib dich in die Welt der Bücher! Sie wird dich fesseln und kaum mehr loslassen.

Lesetipps

- Lies Bücher, die dich auch wirklich interessieren!
- Fällt dir das Lesen noch etwas schwer, so wähle eher dünnere Bücher.
- Auch Sachbücher können eine tolle Lektüre sein.
- Wer meint, lesen sei „uncool", der irrt gewaltig. Die „Coolen" wissen gar nicht, was ihnen entgeht!
- Vor dem Einschlafen im Bett noch ein paar Seiten zu lesen, ist ein schöner Ausklang des Tages.

Diese Bücher sind auch als Hörbücher erhältlich.

Hier einige Buchempfehlungen für deinen Lesetyp:

LESETYP A: Laut Fragebogen bevorzugst du **Sachbücher**!

Die Sieben Weltwunder
Band 81
Bereits vor Christi Geburt entstanden die sieben antiken Weltwunder. Es waren bauliche Kunstwerke. Zu sehen ist leider nur noch die Cheops-Pyramide. Aber wo war der Koloss von Rhodos zu finden?

Hat der Weltraum eine Tür? Die Kinder-Uni erklärt die Geheimnisse des Universums
(U. Janßen, K. Werner)
Was ist eigentlich das „Universum" genau? Alle, die sich für den Weltraum interessieren, bekommen hier Antworten geliefert!

Drei weitere Bücher für den Lesetyp A:

Das Kosmos-Buch der Technik: So funktioniert das! (Joel Lebeaume)	**Biologie für Kids** (Simon Egger)	**Lexikon der Tiere** (Dorling Kindersley)

LESETYP B: Laut Fragebogen bevorzugst du **lustige Bücher**!

Drachen haben nichts zu lachen
(Franz Sales Sklenitzka)
Drachen werden wegen ihrer Schuppen, Zähne und auch wegen ihres Blutes und Fleisches gejagt. Der Ritter Ottokar von Zipp kann dem ganzen nicht mehr zusehen und beschließt, die Drachen zu retten.

Nennt mich nicht Ismael!
(Michael Gerard Bauer)
Ismael wird in der Schule zum Mobbing-Opfer. Als ein neuer Schüler in die Klasse kommt, bei dem man aufgrund seines Aussehens glauben würde, dass ihm Ähnliches widerfährt wie Ismael, täuscht sich. Er wehrt sich mit Worten.

Drei weitere Bücher für den Lesetyp B:

Das Schwein kam mit der Post (Jörg Juretzka)	**Rennschwein Rudi Rüssel** (Uwe Timm)	**Schurken überall!** (Frank Schmeißer)

LESETYP C: Laut Fragebogen bevorzugst du **problemorientierte Bücher**!

Superhenne Hanna
(Felix Mitterer)
Das Huhn Hanna fasst den Entschluss, ihre Artgenossen aus der unzumutbaren Haltung in den Legebatterien zu befreien. Sie kann sogar den Fuchs dazu überreden, ihr dabei zu helfen!

Das Blubbern von Glück
(Barry Jonsberg)
Candice Phee ist 12 Jahre alt und ihr größter Wunsch ist es, die Menschen um sie herum glücklicher zu machen. Dabei muss sie allerdings lernen, dass dies gar nicht so einfach ist.

Drei weitere Bücher für den Lesetyp C:

Vorstadtkrokodile (Max von der Grün)	**Als mein Vater die Mutter der Anna Lachs heiraten wollte** (Christine Nöstlinger)	**Essen Tote Erdbeerkuchen?** (Rosemarie Eichinger)

LESETYP D: Laut Fragebogen bevorzugst du **Kriminalbücher**!

Die Wanze
(Paul Shipton)
Der Käfer „Wanze" soll einen verschwundenen Ohrenkneifer suchen. Dabei bekommt er Ärger und stößt auf einige Ungereimtheiten. Bald befindet man sich mitten im Leben der Käfer.

Emil und die Detektive
(Erich Kästner)
Emil soll die Ferien in Berlin verbringen. Auf der Zugfahrt dorthin schläft er ein. Als er aufwacht, merkt er, dass ihm sein Geld gestohlen wurde. Eine spannende Jagd nach dem Dieb beginnt.

Drei weitere Bücher für den Lesetyp D:

Die schrecklichsten Mütter der Welt (Sabine Ludwig)	**Kommissar Kugelblitz** (Ursel Scheffler)	**Die Zeitdetektive – Verschwörung in der Totenstadt** Band 1 (Fabian Lenk)

LESETYP E: Laut Fragebogen bevorzugst du **Abenteuerbücher**!

Robinson Crusoe
(Daniel Defoe)
Robinson Crusoe erleidet Schiffbruch und landet als einziger Überlebender auf einer einsamen und unbewohnten Insel. Er muss gegen Kannibalen kämpfen und mit Unwettern zurechtkommen.

Die Brüder Löwenherz
(Astrid Lindgren)
Als Jonathan und sein Bruder sterben, kommen sie in das Land Nangijala. Das Leben dort wäre so friedlich, würde nicht ein grausamer Tyrann sein Unwesen treiben. Ein aufregendes Abenteuer beginnt.

Drei weitere Bücher für den Lesetyp E:

Holundermond (Jutta Wilke)	**Das Buch der seltsamen Wünsche** (Angie Westhoff)	**Das Geheimnis des siebten Weges** (Tonke Dragt)

LESETYP F: Laut Fragebogen bevorzugst du **Fantasiebücher**!

Drachenreiter
(Cornelia Funke)
Der Drache Lung und ein Koboldmädchen machen sich auf den Weg zum „Saum des Himmels". Dort soll ein Zufluchtsort für Drachen sein. Doch auf ihrem Weg dorthin stöbert sie ein drachenjagendes Ungeheuer auf.

Harry Potter und der Stein der Weisen
Band 1 (Joanne K. Rowling)
Als der Waisenjunge Harry an seinem elften Geburtstag erfährt, dass er ein Zauberer ist, ändert sich in seinem Leben vieles. Er kommt auf eine Schule für Hexerei und Zauberei. In diesem Band erlebt Harry sein erstes spannendes und zugleich lustiges Schuljahr.

Drei weitere Bücher für den Lesetyp F:

Das Geheimnis des Bücherhüters (Corinna Gieseler)	**Warrior Cats – Die Wildnis** Band 1 (Erin Hunter)	**Emerald: Die Chroniken von Anbeginn** Band 1 (John Stephens)

LESETYP G: Laut Fragebogen bevorzugst du **Mädchenbücher/Burschenbücher**!

Berts gesammelte Katastrophen
(A. Jacobsson, S. Olsson)
Wer von Katastrophen nie genug bekommen kann, sollte Geschichten von Bert lesen. Sein Leben schreibt er in einem Tagebuch nieder und langweilig wird diesem Jungen nie!

Ostwind
(Carola Wimmer)
Mika wird in den Ferien auf das Pferdegestüt ihrer Großmutter geschickt. Dort lernt sie den schwarzen Hengst „Ostwind" kennen. Dieser gilt als sehr gefährlich und unzähmbar. Dennoch beginnt eine innige Freundschaft zu dem Tier.

Drei weitere Bücher für den Lesetyp G:

Der Tag, an dem ich cool wurde (Juma Kliebenstein)	**Carlotta – Internat auf Probe** Band 1 (Dagmar Hoßfeld)	**Die Vampirschwestern – Eine Freundin zum Anbeißen** Band 1 (Franziska Gehm)

Zum Aufwärmen

1 Lies die Wörter in aufsteigender Nummerierung möglichst schnell und fehlerfrei vor! Wie lautet der Satz?

9 geübt · 4 Lesen · 2 und · 7 Kunst, · 1 Schnelles

6 eine · 8 die · 11 will. · 5 ist · 10 sein · 3 fehlerfreies

Zum Üben

2 Sonnenschirm-Lesen: Lies die Wörter in den Sonnenschirmen möglichst schnell und fehlerfrei vor!

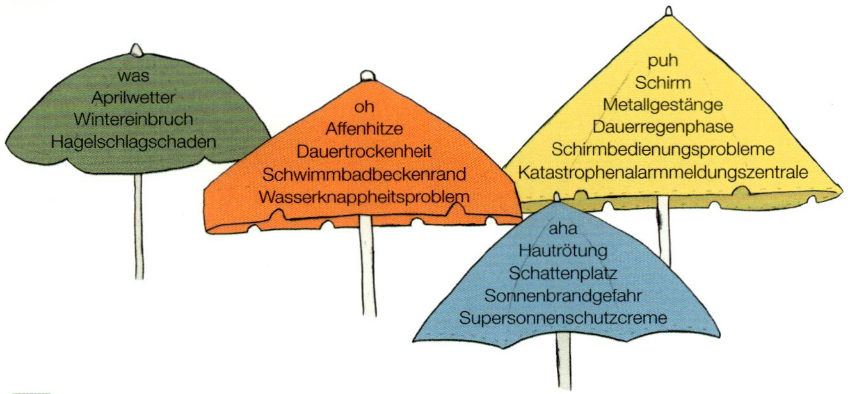

3 Kannst du den Text fehlerfrei und flüssig vorlesen?

Liebe Conny,

endlich sind wir in dem sonnigen Italien angelangt. Endlich deshalb, weil ich schon dachte, dass wir niemals unser Ziel erreichen würden. Als wir losfahren wollten, hatte unser Auto einen Platten. Papa musste also noch schnell den Reifen wechseln. Nach gefühlten fünf Minuten musste bereits meine kleine Schwester Bea auf das WC und fand dann tatsächlich nicht mehr zum Fahrzeug zurück. Wir fanden sie mit einer Tafel Schokolade bei dem Tankwart, der ihr diese geschenkt hatte, damit sie zu weinen aufhören möge. Wenige Kilometer weiter kamen wir in einen Stau. Jemand hatte sein Boot auf der Autobahn verloren. Am liebsten hätte ich angefangen zu schreien, aber ich merkte, dass Papa auch schon einen roten Kopf hatte und er bald einen Kaffee brauchen würde. Als es dann noch zu stinken begann, sahen wir uns an und wussten, dass Felix wohl eine neue Windel brauchte. Oben auf den Bergen wurde mir bei den vielen Kurven schlecht und wir mussten stoppen, damit ich hinter die Bäume laufen konnte. Belohnt wurden wir aber mit dem Blick auf das Meer. Ich freue mich, wenn ich meine Badehose auspacken kann.

Liebe Grüße

Klaus

4 Diese zwei Kästen haben es in sich! Kannst du sie nach einer Vorbereitungszeit perfekt vorlesen?

GELB BLAU GRÜN SCHWARZ LILA
BRAUN HELLBLAU ROT WEISS
ORANGE SCHWARZ DUNKELROT
GELB HELLGRÜN ROT LILA BRAUN
DUNKELBRAUN WEISS GRÜN BLAU

rechts klein groß tief hoch groß klein links
groß tief links tief hoch groß
hoch links rechts klein groß rechts links hoch

5 In diesem Rätsel fehlen einige Wörter. Ergänze das passende Wort aus dem Wortkasten gedanklich. Übe den Text so lange, bis du ihn flüssig und fehlerfrei lesen kannst!

Freude
Tafel
sich
Schultasche
Klassenfahrten
meinen
hinter
Stress
du
auf
besonders
ich
Lehrer
längst
Vorbereitungs- und Korrekturarbeit

Wer ist gesucht?

Mit Kreide und Tafel arbeite ich täglich, auch unzählige Schularbeiten habe ich schon geschrieben. Trotzdem liegt meine Schulzeit bereits hinter mir. Auf Klassenfahrten freue ich mich besonders, hier kann man den Schulalltag mal hinter sich lassen. Ansonsten packe ich jeden Morgen meine Schultasche und mache mich auf den Weg in die Arbeit. Voraussetzung für meinen Beruf ist die Freude, jemandem etwas beizubringen.
Stress sollte man gut vertragen und auch die Vorbereitungs- und Korrekturarbeit sollte man gerne erledigen.
Sicherlich hast du meinen Beruf längst erkannt, du erlebst mich ja fast tagtäglich: Ich bin Lehrer.

Zum Abschluss

6 Rechnen mal anders: Lies die Aufgaben vor und löse sie auch!

a) sieben mal 3 – siebzehn plus 5 + zwei – eins plus 10 minus zwanzig = 0

b) 4 x fünf + 18 minus neun – 2 plus dreizehn + 11 minus einunddreißig = 20

c) zwei x 12 + siebenundzwanzig plus 4 minus 15 – zweiundzwanzig + 1 = 19

d) Achtung schwierig: 8 x zwölf – zweiundzwanzig plus 3 = 77 : 11 = 7

Trage nun im Lesetagebuch auf Seite 4 deinen Lesefortschritt ein!

Zum Aufwärmen

1 Kannst du die Tipps zum guten Vorlesen entziffern? Lies sie nach einer Vorbereitungszeit fehlerfrei vor! Für welche Buchstaben stehen die folgenden drei Zeichen?

■ = e ✶ = i ● = a

Versetze dich in die Situation des Textes und versuche, möglichst „erzählend" zu lesen.

Variiere Tempo, Lautstärke und Betonung ganz gezielt beim Vorlesen!

Achte auf eine jeweils zum Text passende Stimmlage!

Auch kleine Pausen sind wichtig, sie gliedern den Text und verschaffen dem Zuhörer Raum für ein gutes Verständnis.

Zum Üben

2 Lies den Satz in den verschiedenen Stimmungen vor! Achte dabei auf einen jeweils passenden Tonfall!

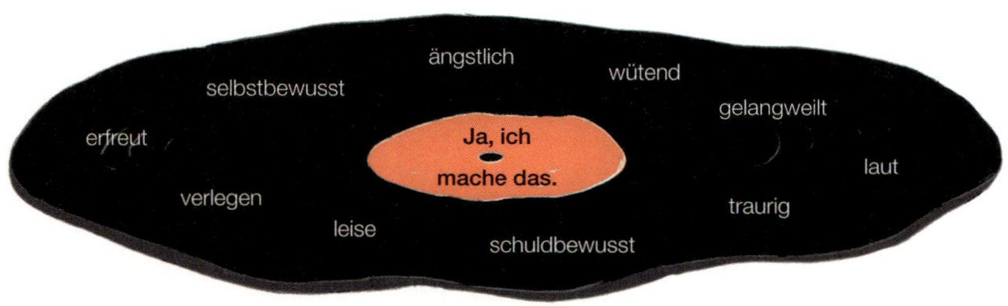

3 Betont wird, was man hervorheben möchte. Lies jeden Satz so oft, wie in Klammer angegeben, und betone jeweils ein unterstrichenes Wort / eine unterstrichene Wortgruppe!

<u>Jeden</u> Morgen <u>muss</u> <u>ich</u> <u>das Bett</u> machen. (4-mal)

<u>Diese</u> Ferien scheinen <u>kein</u> Ende zu nehmen. (2-mal)

Hilf <u>mir</u> <u>bitte</u> <u>sofort</u> <u>beim Aufräumen</u> der Puzzleteile! (4-mal)

<u>In der Sonne</u> liegst <u>du</u> nun schon <u>so lange</u>! (3-mal)

<u>Sie</u> weiß, dass <u>Paul</u> <u>ihr</u> Buch <u>wieder</u> vergessen wird. (4-mal)

4 Bereite den Text gut vor. Halte dich beim Vorlesen der wörtlichen Reden exakt an die Anweisungen rechts!

Die Bremer Stadtmusikanten im Interview

„Meine Damen und Herren, heute haben wir ein Exklusiv-Interview mit den Bremer-Stadtmusikanten! Herzlich willkommen ihr vier!", jubelt der Reporter.	überschwänglich
„Einen wunderschönen, fabelhaften guten Morgen!", krächzt der Hahn.	laut krächzend
„Schön, hier zu sein", spricht der Hund mit halblauter Stimme.	sachlich
„Sagt, wie habt ihr euch kennen gelernt?", fragt der Interviewer.	fragend
„Wir sind abgehauen! Man wollte uns alle loswerden! Ich war dem Bauern zu alt und zu schwach. Er war kurz davor, mich herzugeben!", berichtet der Esel entrüstet.	wütend
„Und mein Herr wollte mich totschießen, nur weil ich nicht mehr so gut jagen kann!", knurrt der Hund.	vorwurfsvoll
„Mich wollte die Alte ersäufen! Nur weil ich zu alt zum Mäusejagen bin!", empört sich die Katze.	laut ausrufend
„Mir wollten sie den Kopf abschlagen und – kann man sich das vorstellen – eine Suppe aus mir machen!", wimmert der Hahn.	traurig
„Aber eigentlich war es der Esel, der uns ermutigt hat, mitzukommen!", erzählt die Katze stolz.	selbstbewusst
„Ach was, ich freue mich einfach, dass ihr da seid", spricht der Esel peinlich berührt.	verlegen
„Nein, nein, keine falsche Bescheidenheit! Ehre, wem Ehre gebührt!", bellt der Hund würdevoll.	selbstbewusst
„Apropos Ehre, ihr wohnt hier ganz nett!", sagt der Mann anerkennend.	lobend
„Ja, wir haben renoviert, nachdem wir die Räuber verjagt hatten!", berichtet der Hahn mit geschwollener Brust.	freudig
„Was? Hier haben Räuber gewohnt?", fragt der Reporter erstaunt.	erstaunt fragend
„Oh ja, grässliche und furchteinflößende noch dazu! Einen haben wir besonders bearbeitet!", entgegnet die Katze.	bedrohlich
„Ich habe zugebissen", meint der Hund. „Ich habe ihn gekratzt", schreit die Katze. „Und ich habe ihn mit meinem Huf getreten!", wiehert der Esel. „Mein Schrei „Kikeriki" hat ihm den Rest gegeben", prustet der Hahn.	stolz
„Hört sich das einer an! Ihr seid ja mutig noch dazu!", staunt der Reporter.	überrascht
„Ja, wir lassen uns nichts mehr gefallen!", rufen alle Viere im Chor.	laut

Zum Abschluss

5 Lies jedes Wort so vor, wie beschrieben. Gelingt dir das überzeugend?

flüsternd klagend schnell lustig sanft genervt sachlich
fragend müde langsam laut höflich erfreut leise bissig

Trage nun im Lesetagebuch auf Seite 4 deinen Lesefortschritt ein!

Lachmuskel-Training

1 Drei Witze zu je 4 Sätzen stecken in diesem „Witzsalat“. Du erkennst sie an den Farben. Nummeriere jeden Witz mit den Zahlen 1 bis 4, so dass insgesamt drei sinnvolle Witze entstehen!

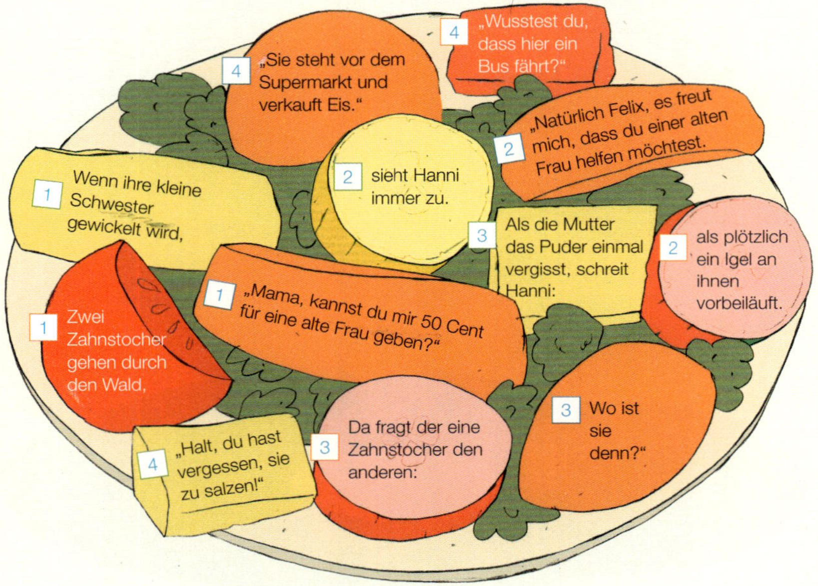

2 Lies den ganzen Text zuerst einmal vollständig durch! Lies dann im zweiten Durchgang die beiden Texte getrennt, du erkennst sie an der Schrift.

Der Nachbar dachte sich, wie toll sie doch heute ausschaut.
Die Kuh muhte Richtung Stalltür:
„Guten Morgen Frau Müller, Ihre Haare sind heute der Knüller!“
Der Esel daneben nickte nur und dachte sich seinen Teil.
„Was soll dieser blöde Spruch?“, erwiderte die unfrisierte Dame.
Weil sie nicht beachtet wurde, ließ die genervte Kuh aus Ärger einen Kuhfladen fallen.
„Die gibt heute wieder mal ordentlich Gas“, dachte sich der Nachbar.
„Das gefällt mir“, freute sich der Esel, „wenn nur der Gestank nicht wäre!“
„So lästig, aber der Geruch ist atemberaubend, was das wohl für ein Duft ist?“, überlegte die Dame.
Der Bauer kam dazu und rutsche glatt auf dem Kuhfladen aus.
„Noch ein Nachbar, das halte ich heute nicht mehr aus!“
„Du alte Stinkmorchel, das habe ich dir zu verdanken!“, fluchte er.
„Lieber verziehe ich mich wieder“, dachte sie.
„Die blöde Kuh kann mir gestohlen bleiben!“

3 Willkommen beim Witze-Wettbewerb! Lies dir alle zehn Witze durch. Bewerte sie anschließend nach ihrer Witzigkeit, indem du die jeweilige Nummer rechts auf dem „Lachometer“ einträgst!

① Eine Känguru-Mutter kratzt sich nach Leibeskräften. Dann fährt sie ihr Baby an: „Wie oft habe ich dir schon gesagt, dass du den Zwieback nicht im Bett essen sollst!“	② An der Kinokasse: „Sebastian, du kaufst dir ja jetzt schon zum dritten Mal eine Karte!“ „Ja, die Frau am Eingang zerreißt sie immer!“
③ Zwei Mädchen kommen viel zu spät heim. Sagt die eine: „Jetzt wird meine Mutter vor Wut kochen.“ Sagt die andere: „Du hast es gut, ich bekomme um diese Zeit nie etwas Warmes.“	④ Verkehrsfunk: „Bitte fahren Sie äußerst rechts und überholen Sie nicht, es kommt Ihnen ein Geisterfahrer entgegen!“ Mann empört: „Einer? Hunderte!“
⑤ Fragt Andreas den Lehrer: „Was heißt das, was Sie da mit roter Tinte unter meinen Aufsatz geschrieben haben?“ – „Deutlicher schreiben!“	⑥ „Ich glaube, unsere Maria hat meine Intelligenz“, sagt der Vater. „Das kann schon sein“, antwortet die Mutter, „ich habe ja meine noch.“
⑦ Herr Meier kommt mit seiner Tochter in die Tierhandlung und fragt: „Bekomme ich bei Ihnen einen Hund für meine Tochter?“ Der Verkäufer schüttelt den Kopf: „Tut mir leid, wir tauschen nicht!“	⑧ Kriecht eine Schnecke im Winter den Kirschbaum hoch. Fragen zwei Vögel verwundert: „Was machst du denn da?“ Sagt die Schnecke: „Na, Kirschen essen!“ „Aber die sind doch noch gar nicht reif!“ „Aber wenn ich oben bin, dann schon!“
⑨ „Hast du schon einmal gesehen, wie ein Kälbchen geboren wird?“, fragt der Bauer. „Nein, wie denn?“ „Zuerst kommen die Vorderbeine, dann der Kopf, dann die Schultern und der Körper und zum Schluss die Hinterbeine.“ „Toll, und wer bastelt das dann alles wieder zusammen?“	⑩ Während der Theatervorstellung flüstern Herr und Frau Huber miteinander. Der Mann, der neben Herrn Huber sitzt, beschwert sich: „Entschuldigung, aber man versteht kein Wort!“ Darauf Huber empört: „Das wäre ja noch schöner! Sie müssen ja nicht alles mitkriegen, was meine Frau und ich uns zu sagen haben!“

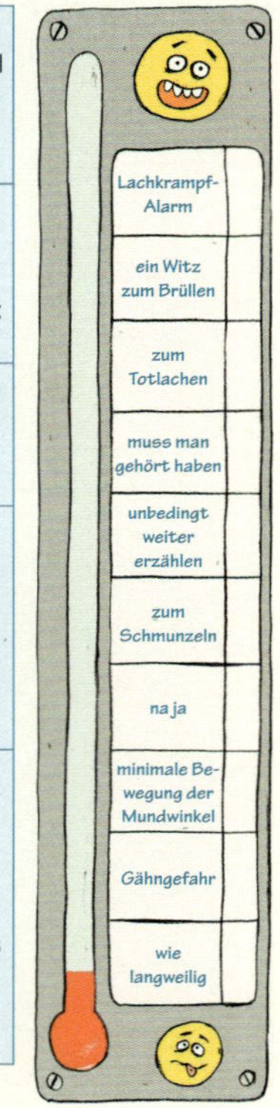

Witze entnommen aus: JÖ – Das Jugendmagazin. Innsbruck: Jungösterreich Zeitschriftenverlag. Hefte vom November 2012, Februar 2013, März 2013, September 2013

4 Nur selten weiß man bei Scherzfragen sofort die passende Antwort. Im Kasten darunter findest du mögliche Antworten, aber nur fünf davon sind richtig!

Welcher Kater miaut nicht? der Muskelkater
Was fällt durch die Fensterscheibe, ohne sie zu zerbrechen? das Licht
Wer ist ziemlich leicht aus der Fassung zu bringen? die Glühbirne
Was geht über das Wasser und wird nicht nass? die Brücke
Wer hat 21 Augen und kann doch nicht sehen? der Würfel

der Türstock • das Tischbein • der Muskelkater • die Lampe • der Spiegel • der Würfel • die Karten • das Licht • die Spinne • der Ring • die Brücke • die Wolke • die Glühbirne • das Seil • der Mond

Trage nun im Lesetagebuch auf Seite 4 deinen Lesefortschritt ein!

Zum Aufwärmen

1 Versuche die Straßennamen nach einer Vorbereitungszeit fehlerfrei zu lesen!

Ballkleidkorsett-Gasse · Sparstrumpfgürtel · Mozartperückenallee · Franzi-und-Sissi-Straße · Libellenflügelau · Kronprinz-Pumpernickel-Weg · Hofnarrwitzemeisterweg · Fallnichtrein-Graben · Kopfsteinpflasterrumpelstraße · Springbrunnenwünschdirwasfeld · Pferdehäuferlplatz

Zum Üben

2 Lies die Wörter möglichst schnell in aufsteigender Nummerierung durch! Trage die Fehleranzahl unten in jede Säulentafel ein!

Säulenlesen – wie die alten Römer

1 römisch	3 scheinbar	4 Laib	6 Freiheit	7 trinken
14 uralt	7 knacken	10 Schädel	14 erleben	3 Segel
9 Altertum	16 Schwert	8 pünktlich	2 Diener	13 wohl
16 Kampf	10 zahm	16 jubeln	10 wenig	5 dessen
5 Lanze	1 wimmern	18 Säulen	4 Robe	12 Rösser
11 Irrfahrt	13 murren	3 fliehen	16 prima	17 kräftig
4 Verlies	6 elegant	15 genauso	9 ländlich	10 Höhle
12 Drachen	15 hübsch	7 flüchten	18 reisen	2 hinauf
6 opfern	9 Mumie	5 Schloss	1 grausam	16 Grenzen
17 Kaiserin	17 Pfeil	12 fertig	13 Elend	6 Pharao
3 Pyramide	2 achten	2 Kompass	11 abwärts	8 entstehen
7 Steinzeit	5 Rüstung	17 ärmlich	7 Sandalen	15 flechten
15 mutig	12 scharren	14 Perücke	15 forschen	11 bereits
2 Rittertum	18 packte	9 einerseits	17 Seefahrt	4 königlich
13 Kutsche	11 östlich	11 gierig	3 erfinden	14 Palast
10 erobern	4 tapfer	1 Schiff	8 zittern	18 Ozean
8 Sklaverei	14 wirksam	13 Cäsar	12 sowieso	9 reiten
18 Ruine	8 Ziffer	6 wäre	5 Münzen	1 Magd

3 Seit fast 1300 Jahren hält Kaiserin Romulina I von Rom den Rekord im Säulenschnelllesen. Ihre Bestzeit für eine fehlerfrei gelesene Säule liegt bei **30 Sekunden**! Schaffst du es, sie zu unterbieten?

Meine Bestzeit für eine fehlerfrei gelesene Säule: ____

4 Lies nur jedes zweite Wort in diesem Text!
Schaffst du das nach einer Vorbereitungszeit fehlerfrei?

Schon gestern **lange** wohnen **träumt** gewaltig **die** einen **Menschheit** eigentlich **davon**, um **sich** von **mittels** dir **einer** schnarchen **Zeitmaschine** bisher **in** warum **vergangene** Autobahn **oder** Vorname **zukünftige** möchte **Zeiten** nach **zu** länger **versetzen**. Offensichtlich **bis** besser **heute** kann **ist** vielleicht **das** ist **aber** oben **noch** Fehler **keinem** aufgrund **Menschen** dunkel **gelungen**. Natürlich **vielleicht** kann **ist** nichts **das** offen **auch** Genuss **besser** wenn **so**. Gebirge **wer** hoch **weiß**, starke **wie** in **viel** gewonnen **Schaden** helfen **wir** Paprika **dabei** defekt **anrichten** schnell **würden**. Ansicht **versuchen** genau **wir** klingt **also**, halb **in** Stein **der** Schularbeit **Gegenwart** gratis **mit** pfiff **unserem** Hitze **Planeten** schreiben **verantwortungsvoll** voneinander **umzugehen**.

5 Hier haben sich zwei Texte vermischt! – Lies beide Geschichten nacheinander und möglichst fehlerfrei! Die unterschiedlichen Schriftarten helfen dir dabei.

Wien – die Hauptstadt Österreichs liegt an der Donau. Im weltweiten Vergleich ist sie eine der Städte mit der höchsten Lebensqualität. Typisch für die Stadt sind die Kaffeehäuser, die überall zu finden sind. Möchte man eine Rundfahrt durch Wien machen, bietet sich eine Kutschenfahrt an. Dabei sieht man natürlich das Schloss Schönbrunn, das unter Kaiserin Maria Theresia so umgebaut wurde, wie wir es heute kennen. Der dazugehörige Zoo ist der älteste noch bestehende Tiergarten der Welt. Natürlich gibt es in Wien auch zahlreiche Museen und Theater. Im ersten Bezirk befinden sich weitere Sehenswürdigkeiten: Die Staatsoper ist bekannt für ihren alljährlichen Opernball. In der Hofburg hat der Bundespräsident seinen Amtssitz und rund um den Stephansdom hat man die Gelegenheit, gemütlich einzukaufen.

Rom – sie ist die Hauptstadt Italiens und geprägt von ihrer spannenden Geschichte und den historischen Denkmälern. Gleichzeitig ist sie auch die größte Stadt des Landes und wird auch als „Ewige Stadt" bezeichnet. Der Sage nach geht der Name der Stadt auf den Gründer Romulus zurück. Wie viele andere Weltstädte liegt auch sie an einem Fluss, dem Tiber. Inmitten von Rom befindet sich ein eigener Staat, nämlich Vatikanstadt – der Sitz des Papstes. Rom zeichnet sich durch seine vielen Kirchen, Plätze und Brunnen aus. Der wohl bekannteste ist der Trevi-Brunnen. Ein Volksglaube besagt, dass es Glück bringt, wenn man eine Münze über die Schulter hineinwirft. Es gibt viele Gebäude, die einen Besuch wert sind: Das Kolosseum, die Engelsburg oder der Petersdom sind nur einige davon.

Zum Abschluss

6 Hier hat jemand immer zwei Ortsnamen durcheinandergebracht. Lies sie und stelle sie auch richtig! Lies alles nach einer Vorbereitungszeit fehlerfrei und möglichst schnell vor!

Par-lin und Ber-is → Paris und Berlin
Klagen-burg und Peters-furt → Klagenfurt und Petersburg
Ham-land und Mai-burg → Hamburg und Mailand
Stock-burg und Salz-holm → Stockholm und Salzburg
Lon-schau und War-don → London und Warschau
Buda-chen und Mün-pest → Budapest und München
Mad-rich und Zü-rid → Madrid und Zürich
Kopen-kau und Mos-hagen → Kopenhagen und Moskau

Trage nun im Lesetagebuch auf Seite 4 deinen Lesefortschritt ein!

Zum Aufwärmen

1 Erfahre mehr über die zwei Hennen, ohne dabei aber das Heft zu drehen!

Huhn 1:
ICH BIN DOROTHEA UND LIEBE ES, ÜBER SAFTIGE WIESEN ZU FLITZEN. WENN ICH NICHT GERADE EIN EI LEGE, NEHME ICH GERNE EIN SONNENBAD.

Huhn 2:
MEIN NAME IST AGATHE. LEIDER GOTTES ESSE ICH ETWAS ZU VIEL, WESHALB ICH NUN AUF DIÄT BIN. DIESE WÜRMER SCHMECKEN EINFACH ZU GUT!

Zum Üben

2 Für eine artgerechte Hühnerhaltung müssen viele Punkte beachtet werden. Informiere dich in den einzelnen Kästchen sorgfältig darüber!

Allgemeines
Eine Vielzahl an verschiedenen Legehühnerrassen wartet auf Hühnerfreunde. Hier lohnt es sich, sich vorher gut zu informieren. Es gibt Federvieh, das lange über den Eiern brütet, andere wiederum legen das Ei und verlassen den Platz sofort wieder. Manche Rassen haben die Eigenschaft, in Bäumen zu schlafen und gerne über Zäune zu fliegen. Eine natürliche Haltung nach den Bedürfnissen der Hühner trägt sicherlich auch zu einem tollen Geschmack der Eier bei.

Der Auslauf
Das Huhn war ursprünglich ein Waldbewohner. Demzufolge sollte es genügend Grünfläche zur Verfügung haben. Büsche und Bäume sind im Sommer ideale Schattenspender. Wichtig ist auch, dass der Standort ständig gewechselt wird, so dass immer frische, saftige Wiesen zur Verfügung stehen. Pro Huhn ist in der Biohaltung ein Platzbedarf von mindestens 10 Quadratmetern vorgeschrieben.

Das Futter
Das Huhn ist ein Allesfresser. In der freien Natur ernährt es sich von Samen, Gräsern, Würmern und Kerbtieren. Man kann es auch dabei beobachten, wie es Fliegen und Käfern nachjagt. Damit die Eierschale hart genug ist, wird dem Futter auch Muschelkalk (geriebene Muscheln) zugegeben. Natürlich sollte auch Wasser immer ausreichend zur Verfügung stehen.

Der Schlafplatz
Beim Schlafplatz sollte darauf geachtet werden, dass die Hühner vor Feinden geschützt sind. Wichtig ist auch hier, dass sie genügend Platz haben. Wenn möglich, sollte eine Stange vorhanden sein, da sie gerne auf einer erhöhten Position schlafen. Unter den Schlafplätzen gibt es eine Kotlade, da die Hühner auch im Schlaf koten. Diese lässt sich dann leicht entleeren. Für den Winter ist dafür zu sorgen, dass der Stall genügend Wärme bietet. Zwar halten viele Rassen einige Minusgrade gut aus. Wird es aber kälter, kann es zum Problem werden.

Die Hygiene
Auf die Hygiene ist besonders Acht zu geben, um Krankheitserregern vorzubeugen. Die Tränke und der Futterautomat sollten oft genug geputzt und die Geräte zur Säuberung des Stalles sollten ausschließlich für diese Tätigkeit verwendet werden. Eine sorgfältige Reinigung des Stalles trägt entscheidend zur Gesundheit der Hühner bei.

Die Gefiederpflege
Zur Federpflege gräbt sich das Huhn gerne kleine Mulden. Die dabei aufgelockerte Erde wird unter das Gefieder gestaubt. Das Huhn wälzt sich zudem in der Erde – dies hält Parasiten ab.
In der Mulde hält die Henne dann auch gerne ein Sonnenbad.

3 Bist du nun ein Hühnerexperte? Beweise deine Kenntnisse und kreuze die jeweils richtige Lösung an!

a) Warum wälzt sich ein Huhn in der Erde?
- [x] um Parasiten abzuhalten
- [ ] damit es keinen Sonnenbrand bekommt
- [ ] um alte Federn abzuwerfen

b) Wozu ist Hygiene bei der Hühnerhaltung wichtig?
- [ ] Die Hennen legen mehr Eier.
- [x] Die Hühner bleiben gesund.
- [ ] Der Tierarzt muss öfter kommen.

c) Was wird dem Futter für die Härte der Eierschale zugefügt?
- [ ] Gesteinspulver
- [x] Muschelkalk
- [ ] Knochenmehl

d) Wo schlafen einige Hühnerrassen gerne?
- [ ] auf warmen Steinen
- [ ] unter Hecken
- [x] auf Bäumen

e) Wo hat das Huhn ursprünglich gelebt?
- [x] im Wald
- [ ] auf dem Wasser
- [ ] in Maisfeldern

f) Worauf sollte man beim Schlafplatz achten?
- [ ] auf eine Mindesttemperatur von 20 Grad Celsius
- [ ] auf absolute Dunkelheit
- [x] auf den Schutz vor Feinden

Zum Abschluss

4 In diesem Bild haben sich 10 Hühnereier versteckt, kreise sie ein!

Trage nun im Lesetagebuch auf Seite 4 deinen Lesefortschritt ein!

Lies dich durch die Comicwelt!

1 Immer zwei Felder gehören zusammen (Figur – Beschreibung). Ordne sie richtig zu und trage den richtigen Buchstaben unter der jeweiligen Zahl in die Lösung auf Seite 23 ein!

1

Tom & Jerry

H Charakteristisch sind für ihn sein Anker-Tattoo am linken Unterarm und eine Pfeife im Mund. Von Beruf ist er Seemann. Seine Kraft erhält er durch den Verzehr von Spinat.

A Er ist der reichste Mann Entenhausens und verehrt noch heute seine erste selbst erarbeitete Münze als „Glückstaler“. Mittlerweile schwimmt er geradezu im Geld.

4

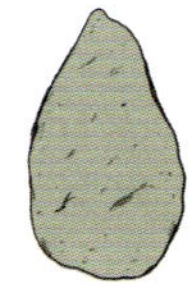

Obelix

T Er liebt Hinkelsteine und kann diese leicht tragen, da er als Kind in einen Kessel voll Zaubertrank gefallen ist. Er wohnt in einem kleinen Dorf in Gallien.

7

Mickey Maus

15

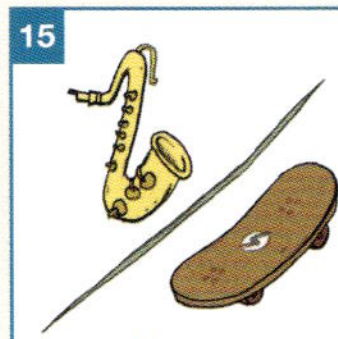

Simpsons

E Er ist übergewichtig, hat ein rotes Fell und liebt Lasagne über alles. Mäuse hingegen frisst er nicht, genießt es aber, mit ihnen ein Schwätzchen zu halten.

11

Daniel Düsentrieb

T Er wird im Dschungel von Affen aufgezogen. Sein Name bedeutet „Weiße Haut“. Als Erwachsener begegnet er Jane.

14

Peanuts

M Im belgischen Original heißen sie „Les Schtroumpfs“. Auffallend ist ihre blaue Körperfarbe. Der Zauberer Gargamel macht ihnen das Leben schwer.

3

Spiderman

N Als Anführer der Wikinger wird er auch „der Schreckliche“ genannt. Zu Hause hat allerdings seine Frau Helga die Hosen an.

A Meistens sieht man den Hasen an einer Karotte herumkauen. Er gehört zu den 22 sogenannten „Looney Tunes“, zu denen auch „Tweety“ und die Katze „Sylvester“ zählen.

5

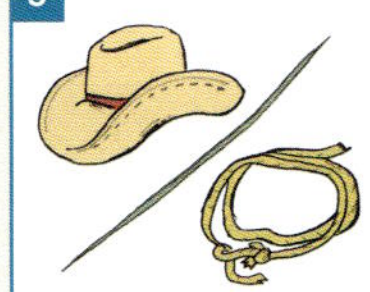

Lucky Luke

17

Donald Duck

A Wilma und Fred leben in der Steinzeit. Der Ausruf „Yabba Dabba Doo!“ ist weltberühmt. Betty und Barney Geröllheimer sind die Nachbarn der Familie.

18

Batman

S Am liebsten verbringt er seine Zeit in der Hängematte. Sein Onkel Dagobert leiht ihm oft Geld. Er ist leicht an seiner blauen Matrosenkleidung zu erkennen.

R Sie ist klein und raffiniert, er versucht in unzähligen Folgen sie zu fressen. Wegen seines Misserfolges kann einem der Kater manchmal schon richtig leidtun.

16

Familie Feuerstein

P Diese gelben Bewohner leben in der US-Stadt Springfield. Bart, Homer, Marge, Lisa und Maggie sind die Hauptpersonen. Die Fernsehserie wurde vielfach ausgezeichnet.

9

Schlümpfe

13

Tarzan

E Nachdem er von einer radioaktiven Spinne gebissen wurde, erlangt er Superkräfte und kann z. B. an Wänden hochklettern. Er kämpft für die gute Sache.

12

Popeye

6

Garfield

S Der Fledermausmann hält seine Heimatstadt Gotham City von Verbrechern frei. Er hat keine Superkräfte – seine Waffen sind Intelligenz und Willenskraft.

8

Hägar

C Von Beruf ist er Diplom-Ingenieur und Erfinder. Zur Seite steht ihm sein „Helferlein“. Auch er wohnt in der bekannten Comicwelt „Entenhausen“.

S Sie sind US-amerikanische Vorstadtkinder. Charlie Brown und Snoopy sind die wohl bekanntesten Charaktere dieses Comics.

10

Bugs Bunny

S Er ist heimatlos und jagt Verbrecher – meistens die „Dalton-Brüder“. Sein Pferd heißt „Jolly Jumper“ und sein treuer Hund „Rantanplan“.

2

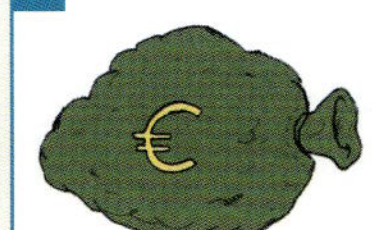

Dagobert Duck

L Den weißen Handschuhen, einer kurzen roten Hose und gelben Schuhen bleibt sie treu. Sie ist die wohl berühmteste Maus der Welt.

1	2	3	4	5	6	7	8
R	A	E	T	S	E	L	N

9	10	11	12	13
M	A	C	H	T

14	15	16	17	18
S	P	A	S	S

Trage nun im Lesetagebuch auf Seite 4 deinen Lesefortschritt ein!

Zum Aufwärmen

1 Lies die fünf Blitze möglichst schnell und fehlerfrei vor!

Zum Üben

2 Es gibt viele Redewendungen, in welchen der Blitz eine Rolle spielt. Lies sie fehlerfrei in einer Zeit von unter 20 Sekunden!

schnell wie ein Blitz
sich blitzartig umdrehen
Blitz und Donner nochmal!
blitzgescheit
ein Geistesblitz
blitzblank sauber
Du bist ein Blitzer!
potz Blitz!
die Blitze zucken
im Blitzlichtgewitter
mit einer Klage abblitzen
beim Schnellfahren geblitzt

3 Lies den folgenden Text dreimal möglichst schnell und fehlerfrei! Stoppe dabei deine Zeit und versuche, das Tempo bei jeder Wiederholung noch zu steigern!

Das Phänomen Blitz

In der Natur ist ein Blitz eine Funkenentladung oder ein Lichtbogen. Dieser kann zwischen den Wolken oder zwischen Wolken und der Erde auftreten. Dabei fließen elektrische Ströme. Normalerweise tritt ein Blitz während eines Gewitters auf und wird vom Donner begleitet. Oftmals reichen die Blitze von den oberen Regionen der Gewitterwolke bis zum Erdboden und sind dann bis zu 10 Kilometer lang. Dort, wo er dann in den Boden einschlägt, bildet sich ein starkes Spannungsfeld. Mit einem „Blitzeinschlag" bezeichnet man nicht nur die genaue Stelle, wo er auf die Erde auftrifft, sondern auch die Fläche im Spannungsfeld. Dort ist es für Lebewesen besonders gefährlich.

Wenn man in ein Gewitter kommt, sollte man einzelne Bäume, Holzmasten, Bergspitzen, Seen und dergleichen meiden. Es ist auch darauf zu achten, dass man nicht den höchsten Punkt bildet, da dort die Gefahr eines Blitzeinschlages höher ist. Zusätzlich ist es sinnvoll, mit geschlossenen Füßen in die Hocke zu gehen – das erhöht die Sicherheit. Aber nicht nur draußen im Freien sollte man einige Dinge beachten, sondern auch in einem Gebäude. So sind metallene Leitungen, die von draußen ins Haus führen, zu meiden, wie beispielsweise Telefon-, Wasser-, Gas- und Stromleitungen. Natürlich sollte man auch im Haus nicht baden und duschen.

Informationen entnommen aus: https://de.wikipedia.org/wiki/Blitz; http://www.siz.cc

Lesezeit beim ersten Lesen: ____________
Lesezeit beim zweiten Lesen: ____________
Lesezeit beim dritten Lesen: ____________

4 Riesenblitzlesen – Zu Beginn ist das Lesen leicht. Schaffst du beide Blitze schnell und fehlerfrei?

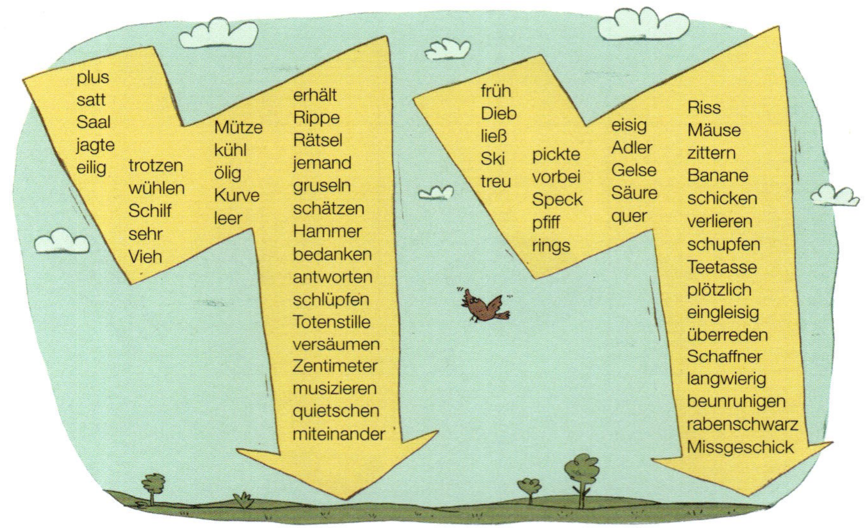

Zum Abschluss

5 In jeder Zeile ist ein Fehler versteckt. Kreise ihn möglichst schnell ein!

Nieselregen Nieselregen Nieselregen Nieselregen Nieselregen Nieselregen Niselregen

Blitzeinschlag Blizeinschlag Blitzeinschlag Blitzeinschlag Blitzeinschlag Blitzeinschlag Blitzeinschlag

Wetterprognose Wetterprognose Wetterpognose Wetterprognose Wetterprognose Wetterprognose

Donnergrollen Donnergrollen Donnergrollen Donnergrollen Donnergrollen Donnergrollen Donnerrollen

Temperatursturz Temperatursturz Temperaturstutz Temperatursturz Temperatursturz Temperatursturz

Unwetter Unwetter Unwetter Unwetter Unwetter Unwetter Unwetter Unwetter Unwette Unwetter

Niederschlag Niederschlag Niederschlag Niederschlag Niederschlug Niederschlag Niederschlag

Regenschirm Regenschirm Regenschirm Regenschirm Regenschirrm Regenschirm Regenschirm

Wolkendecke Wolkendecke Wolkenhecke Wolkendecke Wolkendecke Wolkendecke Wolkendecke

Trage nun im Lesetagebuch auf Seite 4 deinen Lesefortschritt ein!

Zum Aufwärmen

1 Stell dir vor, du bist der gefeierte Preisträger bei einer großen Gala. Lies deine Dankesrede also „würdevoll“, laut und voller Freude vor!

Sehr geehrte Damen und Herren!
Ich freue mich sehr, diesen Preis entgegennehmen zu dürfen. Lange Jahre habe ich darauf hingearbeitet. Ständig und mit großer Anstrengung geschrubbt und geputzt, oft sogar dreimal am Tag. Die Mühen haben sich aber gelohnt. Ich bedanke mich bei meinen Eltern, Freunden, Verwandten und Bekannten für die große Unterstützung. Mein größter Dank jedoch gilt meinem Zahnarzt, der mir immer mit Rat und Tat zur Seite stand.
Ich freue mich sehr über die Verleihung dieser „Goldenen Zahnbürste“ für die weißesten Zähne Österreichs.

Zum Üben

2 Viele Sätze werden in ganz bestimmten Stimmungen geäußert. Achte beim Vorlesen auf einen passenden Klang deiner Stimme!

verärgerter Lehrer	Schon wieder hast du deine Hausübung vergessen – potz Blitz und Donner. Ich werde mit dir in der Pause ein ernsthaftes Wörtchen reden müssen!
erfreute/erstaunte Kinobesucherin	Herrjemine, bin ich aufgeregt! Da ist er ja, dieser tolle, athletische und dynamische Mann. Aber warte mal! Seit wann hat der denn eine Glatze?
mürrischer Gangster	Na toll! Da will man einmal im Leben wo einbrechen und mein Kumpel verliert genau an dem Tag seine Kontaktlinsen, das blinde Huhn!
verängstigter Flugpassagier	St… St… Stewardessssss!? Wwwwo ist die Rettungsweste? Uuund wo das Sauerstoffgerät? Vor allem aber, wwwwo ist der Bbbeutel, wenn mir … übel wird?
jubelnde Lottogewinnerin	Jippiiiii! Alle sechse! Dir kaufe ich einen Porsche! Hey, was möchtest du haben, eine Insel? Meine Güte, ich bin reich! Was kostet die Welt, ha?
müder Schüler	Ja, Mama, ich stehe ja gleich auf. Noch einmal umdrehen. Es kann unmöglich schon wieder Morgen sein. Ich bin bestimmt gleich wach – so in einer halben Stunde.
genervte Frau	Hören Sie mir bitte zu! Ich sage es Ihnen nun wirklich zum letzten Mal! Sie sind hier bei Kleber und nicht bei Weber! Sie haben sich verwählt!

3 Namen kann man sich nicht aussuchen: Sprich die Namen also anständig aus, das unterstrichene Tier darf ja nicht betont werden!

Sieglinde Gelbmeisel	Theoderich Großwaler	Frederike Ferkelini
Kurt Knödelsauer	Karl-Gustav Knaffenhof	Günter Anvogelmair
Annika Kneselhuber	Marianne von Hundebingen	Sissi Spinnebald

4 Lies die vier Gedichtauszüge mit besonderem Ausdruck vor! Entscheide vorher, welche der Stimmungen im Kasten zu welchem Gedicht am besten passt.

fröhlich • ruhig • traurig • verliebt

Leise tönt die Abendglocke
Leise tönt die Abendglocke,
alles leget sich zur Ruh,
Vöglein singen Abschiedslieder,
Sonne sank nach Westen zu.

Verfasser unbekannt

Stimmung: ruhig

Mariechen saß weinend im Garten
Mariechen saß weinend im Garten,
im Grase lag schlummernd ihr Kind,
mit ihren schwarzbraunen Locken
spielte leise der Abendwind.
Sie saß so still, so traurig, so einsam, geisterbleich.
Die Wolken zogen schaurig, und Wellen schlug der Teich.

Joseph Christian Freiherr von Zedlitz

Stimmung: traurig

Der frohe Wandersmann
Die Bächlein von den Bergen springen,
die Lerchen schwirren hoch vor Lust,
was sollt ich nicht mit ihnen singen
aus voller Kehl und frischer Brust?

Joseph Freiherr von Eichendorff

Stimmung: fröhlich

Müde kehrt ein Wanderer zurück
Müde kehrt ein Wandersmann zurück
nach der Heimat, nach der Liebe Glück.
Und bevor er kehrt in Liebchens Haus,
kauft er für sie den schönsten Blumenstrauß.

Lebrecht Dreves

Stimmung: verliebt

Zum Abschluss

5 Paul Plauderdampf erzählt ausführlich von seinen Abenteuern. Lies sie ausdrucksvoll vor und überlege, was daran alles nicht stimmen kann. Findest du alle fünf Fehler? Kreise sie ein!

Man sollte nicht alles glauben

Abenteurer wie ich erleben in ihrem heldenhaften Leben ja so einiges. Gut erinnere ich mich daran, als ich alleine gegen den wohl größten Eisbären am Südpol gekämpft habe. Alle anderen sind vor diesem riesigen Ungetüm geflohen. Ich weiß nicht, ob ihr Polen kennt – das Land ist in Südamerika. Da habe ich meine ersten Fledermäuse gesehen. Also deren Zähne sind einfach zum Fürchten. Einen Riesenschreck habe ich bekommen, als wir bei den Pyramiden in Japan Grabräubern in die Quere gekommen sind. Die wollten doch tatsächlich Mumien klauen! Als ich durch Asien reiste und dort die Freiheitsstatue sah, wusste ich, dass mich meine Abenteuerlust niemals loslassen wird. Also machte ich mich auf zu neuen Ufern und reiste nach Afrika. Nichtsahnend schipperte ich auf einem Boot auf dem Nil entlang und angelte gemütlich in diesem riesigen Fluss nach Fischen, als plötzlich ein Weißer Hai nach meiner Angel schnappte! Natürlich verlor ich nicht die Nerven, sondern bewahrte Ruhe, wie es sich für einen Weltenbummler gehört.

- Eisbären gibt es am Südpol nicht, man findet sie im Nördlichen Eismeer.
- Polen liegt nicht in Südamerika, sondern in Europa.
- Pyramiden gibt es in Japan keine, aber zum Beispiel in Ägypten.
- Die Freiheitsstatue befindet sich nicht in Asien, sondern in New York (USA).
- Im Nil gibt es keinen Weißen Hai.

Trage nun im Lesetagebuch auf Seite 4 deinen Lesefortschritt ein!

Sprungbrettlesen

Das Sprungbrettlesen ist eine schwierige Angelegenheit! Verbinde die Sprungbrett-Sätze mit dem richtigen Fass, indem du die passende Nummer ins Fass schreibst. Lies die zehn Sätze anschließend möglichst fehlerfrei laut vor.

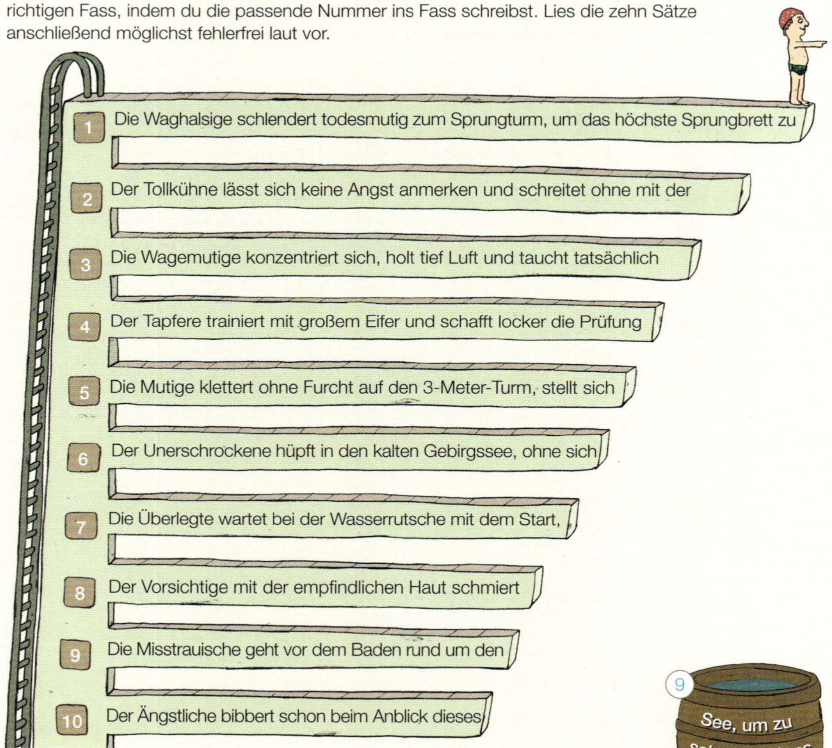

Baderegeln

In Wirklichkeit ist beim Turmspringen & Schwimmen natürlich stets Vorsicht angesagt! Die Baderegeln geben dir die wichtigsten Eckpunkte dabei vor. Kannst du sie trotz Wellenschrift flüssig lesen?

Die Baderegeln

1. **GESUNDHEIT:** Wenn du schwimmen gehst, musst du gesund sein!
2. **HINWEISSCHILDER BEACHTEN:** Auf den Hinweisschildern kannst du lesen, was im Schwimmbad erlaubt und was verboten ist. Daran musst du dich halten!
3. **DUSCHEN, ABKÜHLEN:** Geh erst dann ins Wasser, wenn du dich geduscht und abgekühlt hast!
4. **KÄLTEGEFÜHL:** Bleib nicht im Wasser, wenn dir kalt ist, du kannst sonst Krämpfe bekommen! Krämpfe sind für den Schwimmer gefährlich!
5. **OHRENERKRANKUNGEN:** Wenn du Ohrenschmerzen oder eine Ohrenverletzung hast, darfst du nicht schwimmen, springen oder tauchen!
6. **ESSEN:** Wenn du viel gegessen hast, warte eine Stunde, bevor du wieder ins Wasser gehst.
7. **STARKE SONNE:** Schütze dich vor der Sonne (Sonnencreme, Kappe, T-Shirt)! Wenn dir heiß ist, darfst du nicht ins kalte Wasser springen!
8. **ÜBERMUT:** Lass dich von anderen nicht dazu überreden, etwas zu tun, was du nicht gut kannst (weit hinausschwimmen, ins Wasser springen oder tauchen).
9. **SPRINGEN:** Spring nur dort ins Wasser, wo es erlaubt ist! Du darfst dabei niemanden in Gefahr bringen! Spring ja nicht in Gewässer, die du nicht kennst, es könnten viele Gefahren lauern!
10. **VORSICHT IM ERLEBNISBAD:** Im Erlebnisbad sind oft viele Menschen. Beobachte daher auch die Leute in deiner Umgebung! Ruf Hilfe herbei, wenn jemand in Gefahr ist!

Quelle: ARGE Österreichisches Wasserrettungswesen. Entnommen aus: http://www.schwimmabzeichen.at

Trage nun im Lesetagebuch auf Seite 4 deinen Lesefortschritt ein!

Zum Aufwärmen

1 Hier hat Harry für dich einen Zauberspruch verschlüsselt. Kannst du ihn entziffern?

Willst du die Gedanken der Menschen lesen,
so schwinge dich des Nachts auf deinen Besen.

Fliege nun zu einem dir bekannten Wald,
und sammle Zutaten, du brauchst sie schon bald.

Lärchenzapfen, Tannennadeln, frisches Moos, Morgentau, Fuchsschwanzhaar, hast du sie, dann los.

In einem Kupfertopf über offenem Feuer,
gib alles rein – es wird warm im Gemäuer.

Rühre dreimal links und dreimal rechts herum,
bist du bemüht, dann hast du nun dein Serum.

Trink es nur bei sternenklarer Nacht um zehn,
dann kannst du alle Gedanken wie Bilder sehn!

Zum Üben

2 Lies dir den Text links aufmerksam durch! Finde im Anschluss im rechten Text die 10 Fehler und kreise sie ein!

Die Geburtsstunde Harry Potters

RICHTIG

Die Idee zu Harry Potter kam Joanne K. Rowling 1990 im Zug von Manchester nach London. Sie erzählt, dass ihr plötzlich ein kleiner, dürrer Junge in den Sinn kam und sich die Geschichte um ihn herum zu entwickeln begann. Sie beschreibt es als ein unglaublich bewegendes Gefühl, das sie vorher noch nie beim Schreiben hatte. Leider fand sie keinen Stift, um sich Notizen zu machen. In den vier Stunden Verspätung, die der Zug hatte, sprudelten die Ideen nur so in ihrem Kopf herum. Rowling begann dann sofort in ihrer Wohnung mit dem Niederschreiben ihrer Einfälle. Sie bezeichnet die Beziehung zum Schreiben von Harry Potters Geschichte als eine Liebesbeziehung. Einiges aus ihrem Leben brachte sie in die Geschichte mit ein. Auf dem Bahnhof King's Cross haben sich beispielsweise ihre Eltern kennen gelernt. Die Dementoren entstanden an die Erinnerung, als Rowling ohne Geld, geschieden und mit ihrer kleinen Tochter aus Portugal zurückkam. In der Zeit lebte sie von Sozialhilfe und war sehr niedergeschlagen. Bis das erste Buch fertig war, dauerte es fünf Jahre.

Die Geburtsstunde Harry Potters

FALSCH

Die Idee zu Harry Potter kam Joanne K. Rowling 1995 im Zug von Manchester nach Liverpool. Sie erzählt, dass ihr plötzlich ein kleiner, dürrer Junge in den Sinn kam und sich die Geschichte um ihn herum zu entwickeln begann. Sie beschreibt es als ein unglaublich bewegendes Gefühl, das sie vorher noch nie beim Tanzen hatte. Leider fand sie keinen Stift, um sich Notizen zu machen. In den vier Stunden Verspätung, die der Bus hatte, sprudelten die Ideen nur so in ihrem Kopf herum. Rowling begann dann sofort in ihrer Villa mit dem Niederschreiben ihrer Einfälle. Sie bezeichnet die Beziehung zum Schreiben von Harry Potters Geschichte als eine Leidensbeziehung. Einiges aus ihrem Leben brachte sie in die Geschichte mit ein. Auf dem Parkplatz King's Cross haben sich beispielsweise ihre Eltern kennen gelernt. Die Todesser entstanden an die Erinnerung, als Rowling ohne Geld, geschieden und mit ihrer kleinen Tochter aus Peru zurückkam. In der Zeit lebte sie von Sozialhilfe und war sehr niedergeschlagen. Bis das erste Buch fertig war, dauerte es fünfzehn Jahre.

3 Kreuze nun die richtigen Aussagen an, ohne dabei aber im Text auf Seite 30 nachzulesen!

- [ ] Die Zugfahrt ging von London nach Manchester.
- [x] Der Zug hatte vier Stunden Verspätung.
- [ ] Die Ideen zu Harry Potter entwickelten sich über mehrere Monate.
- [ ] Mit den Dementoren verbindet Rowling eine glückliche und erfolgreiche Zeit.
- [x] Sie hatte keinen Stift dabei, um sich Notizen zu machen.
- [ ] Auf dem Bahnhof King's Cross trennten sich ihre Eltern.
- [x] Noch nie zuvor verspürte die Autorin ein so bewegendes Gefühl beim Schreiben.
- [x] Rowling hat eine Tochter.
- [ ] Bis alle Bücher fertig waren, dauerte es fünf Jahre.
- [x] Joanne K. Rowling lebte für einige Zeit von Sozialhilfe.

Zum Abschluss

4 Kennst du diese Begriffe aus Harry Potter? Verbinde sie richtig!

Hogwarts-Express	Jede Hexe und jeder Zauberer hat ein Tier. Sie ist Harrys weiße Schneeeule.
Mr. & Mrs Dursley	Sie sind Harrys beste Freunde und begleiten ihn durch die Schuljahre.
Winkelgasse	Das ist der Sport in Hogwarts.
Hedwig	Die beiden sind Harrys Onkel und Tante. Bei ihnen wächst er auf.
Muggels	Es ist die Einkaufsstraße schlechthin, wo man Zauber-Zubehör kaufen kann.
Gleis neundreiviertel	Dies ist ein Zug, der die jungen Hexen und Zauberer nach Hogwarts bringt.
Ron & Hermine	Hier gelangt man vom „normalen" Bahnhof zum Gleis vom Hogwarts-Express.
Quidditch	So werden alle genannt, die über keine Magie verfügen.

Trage nun im Lesetagebuch auf Seite 4 deinen Lesefortschritt ein!

Die alljährlichen Sommerlesespiele warten auf dich!
Streng dich an, dann ist sogar eine Medaille möglich!
Bereite schon mal eine (Stopp-)Uhr vor!

Zum Aufwärmen

1 Wärme deine Augen auf und zähle alle hier abgebildeten Ringe! 28

Zum Üben

2 Der 70-Zentimeter-Hürdenleselauf wartet auf dich. Stoppe deine Zeit! Drei Versuche hast du, die beste Zeit zählt!

Hürdenlauf zur der athletik. Athleten mit Geschwin
Der gehört Disziplin Leicht Die sprinten hoher digkeit

die bahn über gen Hürden. Diese je Lauf un schied
über Lauf und sprin dabei sind nach strecke ter lich

hoch. maler immer den über der lauf Halle
Nor weise werden zehn Hür laufen. Findet Hürden in einer statt,

sind es der kann Hür läufer erik Glenn
fünf. Einer be testen den war der Am aner Davis.

Kreise die erreichten Punkte ein:

20–30 Sekunden: 4 Punkte	31–35 Sekunden: 3 Punkte	36–40 Sekunden: 2 Punkte	41 und mehr Sekunden: 1 Punkt

3 Die Kurzdisziplin „Speerlesen" wartet hier: Folge der Flugbahn und lies den Zungenbrecher fehlerfrei und blitzschnell. Du hast nur einen Versuch, zähle deine Fehler!

Wirf den Speer, das ist schwer, nicht quer, sondern gerade und so weit, wie es geht, aber gescheit! Bist bereit?

Kreise die erreichten Punkte ein:

0 Fehler: 4 Punkte	1 Fehler: 3 Punkte	2 Fehler: 2 Punkte	3 und mehr Fehler: 1 Punkt

4 Treppenlesen fordert Kondition und Konzentration, du hast nur einen Versuch! Beginne unten an der Treppe bei 1, die Farben helfen dir bei der Orientierung. Lies möglichst schnell, zähle dabei die gemachten Fehler!

10	An der obersten	Pudel gerade an die	der meisten Schüler,	frische Fische	und langlebiger.
9	Ludwig hatte seinen	sind, nach Ansicht	fischt frische Fische,	sind sie robuster	Schlange gebildet.
8	Die Sommerferien	Fischers Fritz	etwas mehr, dafür	bereits eine lange	Ergebnis nochmals.
7	Ein Zungenbrecher:	kosten zwar meist	der Filmpremiere	und überprüft das	der Zupfinstrumente.
6	Möbel aus Vollholz	hatte sich wegen	aus der Schultasche	zählen zur Gruppe	deutlich verlängert.
5	An der Kinokassa	Petra ihren Rechner	und die Mandoline	Vorteil der Kunden	Tante am Telefon.
4	Schnurstracks holt	Zither, die Harfe	haben sich zum	erklärte ich meiner	wieder unten sein.
3	Die Gitarre, die	des Elektromarktes	gestern bereitet",	man ganz schnell	Dogge entgegenkam.
2	Die Öffnungszeiten	hat mir dein Besuch	angekommen, kann	als ihnen eine riesige	des ganzen Jahres.
1	„Eine riesige Freude	Treppenstufe nun	Leine genommen,	die schönste Zeit	fischt Fischers Fritz.

Kreise die erreichten Punkte ein:

0 Fehler: 4 Punkte	1–2 Fehler: 3 Punkte	3–4 Fehler: 2 Punkte	5 und mehr Fehler: 1 Punkt

5 Die Disziplin Rückwärtslesen gehört zu den schwierigsten Aufgaben. Stoppe nach einer Trainingsphase deine Zeit. Für jeden gemachten Fehler gibt es zwei Strafsekunden!

Bei den Olympischen Spielen treten Athleten und Mannschaften in verschiecenen Sportarten gegeneinander an. Ursprünglich gab es die Olympischen Spiele bereits etwa 2000 Jahre vor Christi Geburt. Der Name kommt vom damaligen Austragungsort Olympia in Griechenland. Die Spiele waren damals sehr brutal, sodass die Sportler mit ihrem Tod rechnen mussten. Den Siegern wurde ein Kranz aus Olivenzweigen auf den Kopf gelegt. Zudem wurden sie in Münzen und Statuen verewigt. Die Verlierer dagegen mussten Spott über sich ergehen lassen.

Kreise die erreichten Punkte ein:

40–50 Sekunden: 4 Punkte	51–60 Sekunden: 3 Punkte	61–70 Sekunden: 2 Punkte	71 und mehr Sekunden: 1 Punkt

Zum Abschluss

6 Zähle nun alle erreichten Punkte richtig zusammen und kreise deine erreichte Platzierung ein!

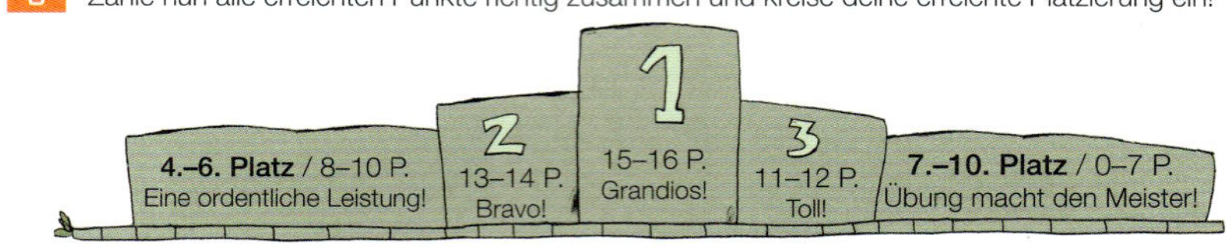

Trage nun im Lesetagebuch auf Seite 4 deinen Lesefortschritt ein!

4 Lies nur jedes zweite Wort in diesem Text!
Schaffst du das nach einer Vorbereitungszeit fehlerfrei?

Schon gestern **lange** wohnen **träumt** gewaltig die einen Menschheit eigentlich davon, um sich von mittels dir einer schnarchen Zeitmaschine bisher in warum vergangene Autobahn oder Vorname zukünftige möchte Zeiten nach zu länger versetzen. Offensichtlich bis besser heute kann ist vielleicht das ist aber oben noch Fehler keinem aufgrund Menschen dunkel gelungen. Natürlich vielleicht kann ist nichts das offen auch Genuss besser wenn so. Gebirge wer hoch weiß, starke wie in viel gewonnen Schaden helfen wir Paprika dabei defekt anrichten schnell würden. Ansicht versuchen genau wir klingt also, halb in Stein der Schularbeit Gegenwart gratis mit pfiff unserem Hitze Planeten schreiben verantwortungsvoll voneinander umzugehen.

5 Hier haben sich zwei Texte vermischt! – Lies beide Geschichten nacheinander und möglichst fehlerfrei! Die unterschiedlichen Schriftarten helfen dir dabei.

Wien – die Hauptstadt Österreichs liegt an der Donau. Im weltweiten Vergleich ist sie eine der Städte mit der Rom – sie ist die Hauptstadt Italiens und geprägt von ihrer spannenden Geschichte und den historischen Denkmälern. Gleichzeitig ist sie auch die größte Stadt des Landes und wird auch als „Ewige *höchsten Lebensqualität. Typisch für die Stadt sind die Kaffeehäuser, die überall zu finden sind. Möchte man* Stadt" bezeichnet. Der Sage nach geht der Name der Stadt auf den Gründer Romulus zurück. Wie viele andere Weltstädte liegt auch sie an einem Fluss, dem Tiber. Inmitten von *eine Rundfahrt durch Wien machen, bietet sich eine Kutschenfahrt an. Dabei sieht man natürlich das Schloss Schönbrunn, das unter Kaiserin Maria Theresia so umgebaut wurde, wie wir es heute kennen. Der* Rom befindet sich ein eigener Staat, nämlich Vatikanstadt – der Sitz des Papstes. Rom *dazugehörige Zoo ist der älteste noch bestehende Tiergarten der Welt. Natürlich gibt es in Wien auch zahlreiche Museen und Theater. Im ersten Bezirk befinden sich weitere Sehenswürdigkeiten: Die Staatsoper ist* zeichnet sich durch seine vielen Kirchen, Plätze und Brunnen aus. Der wohl bekannteste ist der Trevi-Brunnen. Ein Volksglaube besagt, dass es Glück bringt, wenn man eine Münze *bekannt für ihren alljährlichen Opernball. In der Hofburg hat der Bundespräsident seinen Amtssitz und rund* über die Schulter hineinwirft. Es gibt viele Gebäude, die einen Besuch wert sind: Das Kolosseum, die Engelsburg oder der Petersdom sind nur einige davon. *um den Stephansdom hat man die Gelegenheit, gemütlich einzukaufen.*

Zum Abschluss

6 Hier hat jemand immer zwei Ortsnamen durcheinandergebracht. Lies sie und stelle sie auch richtig! Lies alles nach einer Vorbereitungszeit fehlerfrei und möglichst schnell vor!

Par-lin und Ber-is → Paris und Berlin
Klagen-burg und Peters-furt → ______
Ham-land und Mai-burg → ______
Stock-burg und Salz-holm → ______
Lon-schau und War-don → ______
Buda-chen und Mün-pest → ______
Mad-rich und Zü-rid → ______
Kopen-kau und Mos-hagen → ______

Trage nun im Lesetagebuch auf Seite 4 deinen Lesefortschritt ein!

Zum Aufwärmen

1 Erfahre mehr über die zwei Hennen, ohne dabei aber das Heft zu drehen!

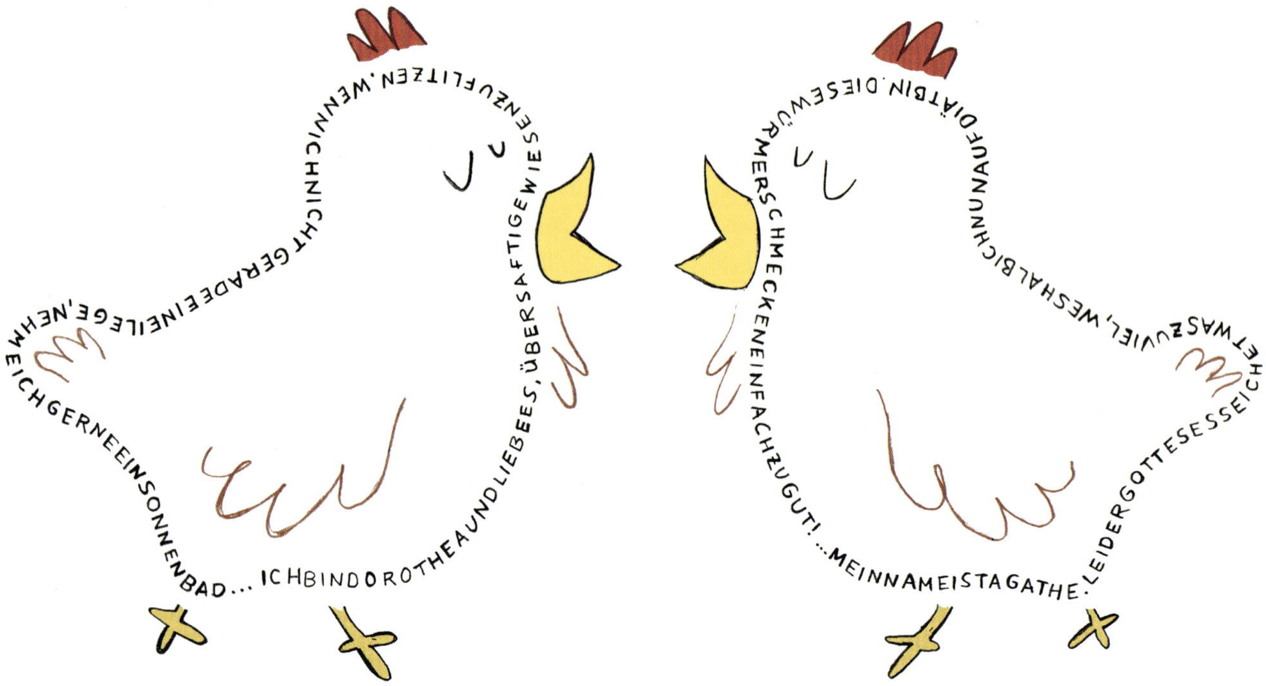

Zum Üben

2 Für eine artgerechte Hühnerhaltung müssen viele Punkte beachtet werden. Informiere dich in den einzelnen Kästchen sorgfältig darüber!

Allgemeines
Eine Vielzahl an verschiedenen Legehühnerrassen wartet auf Hühnerfreunde. Hier lohnt es sich, sich vorher gut zu informieren. Es gibt Federvieh, das lange über den Eiern brütet, andere wiederum legen das Ei und verlassen den Platz sofort wieder. Manche Rassen haben die Eigenschaft, in Bäumen zu schlafen und gerne über Zäune zu fliegen. Eine natürliche Haltung nach den Bedürfnissen der Hühner trägt sicherlich auch zu einem tollen Geschmack der Eier bei.

Der Auslauf
Das Huhn war ursprünglich ein Waldbewohner. Demzufolge sollte es genügend Grünfläche zur Verfügung haben. Büsche und Bäume sind im Sommer ideale Schattenspender. Wichtig ist auch, dass der Standort ständig gewechselt wird, so dass immer frische, saftige Wiesen zur Verfügung stehen. Pro Huhn ist in der Biohaltung ein Platzbedarf von mindestens 10 Quadratmetern vorgeschrieben.

Das Futter
Das Huhn ist ein Allesfresser. In der freien Natur ernährt es sich von Samen, Gräsern, Würmern und Kerbtieren. Man kann es auch dabei beobachten, wie es Fliegen und Käfern nachjagt. Damit die Eierschale hart genug ist, wird dem Futter auch Muschelkalk (geriebene Muscheln) zugegeben. Natürlich sollte auch Wasser immer ausreichend zur Verfügung stehen.

Der Schlafplatz
Beim Schlafplatz sollte darauf geachtet werden, dass die Hühner vor Feinden geschützt sind. Wichtig ist auch hier, dass sie genügend Platz haben. Wenn möglich, sollte eine Stange vorhanden sein, da sie gerne auf einer erhöhten Position schlafen. Unter den Schlafplätzen gibt es eine Kotlade, da die Hühner auch im Schlaf koten. Diese lässt sich dann leicht entleeren. Für den Winter ist dafür zu sorgen, dass der Stall genügend Wärme bietet. Zwar halten viele Rassen einige Minusgrade gut aus. Wird es aber kälter, kann es zum Problem werden.

Die Hygiene
Auf die Hygiene ist besonders Acht zu geben, um Krankheitserregern vorzubeugen. Die Tränke und der Futterautomat sollten oft genug geputzt und die Geräte zur Säuberung des Stalles sollten ausschließlich für diese Tätigkeit verwendet werden. Eine sorgfältige Reinigung des Stalles trägt entscheidend zur Gesundheit der Hühner bei.

Die Gefiederpflege
Zur Federpflege gräbt sich das Huhn gerne kleine Mulden. Die dabei aufgelockerte Erde wird unter das Gefieder gestaubt. Das Huhn wälzt sich zudem in der Erde – dies hält Parasiten ab.
In der Mulde hält die Henne dann auch gerne ein Sonnenbad.

3 Bist du nun ein Hühnerexperte? Beweise deine Kenntnisse und kreuze die jeweils richtige Lösung an!

a) Warum wälzt sich ein Huhn in der Erde?
- ☐ um Parasiten abzuhalten
- ☐ damit es keinen Sonnenbrand bekommt
- ☐ um alte Federn abzuwerfen

b) Wozu ist Hygiene bei der Hühnerhaltung wichtig?
- ☐ Die Hennen legen mehr Eier.
- ☐ Die Hühner bleiben gesund.
- ☐ Der Tierarzt muss öfter kommen.

c) Was wird dem Futter für die Härte der Eierschale zugefügt?
- ☐ Gesteinspulver
- ☐ Muschelkalk
- ☐ Knochenmehl

d) Wo schlafen einige Hühnerrassen gerne?
- ☐ auf warmen Steinen
- ☐ unter Hecken
- ☐ auf Bäumen

e) Wo hat das Huhn ursprünglich gelebt?
- ☐ im Wald
- ☐ auf dem Wasser
- ☐ in Maisfeldern

f) Worauf sollte man beim Schlafplatz achten?
- ☐ auf eine Mindesttemperatur von 20 Grad Celsius
- ☐ auf absolute Dunkelheit
- ☐ auf den Schutz vor Feinden

Zum Abschluss

4 In diesem Bild haben sich 10 Hühnereier versteckt, kreise sie ein!

Trage nun im Lesetagebuch auf Seite 4 deinen Lesefortschritt ein!

Lies dich durch die Comicwelt!

1 Immer zwei Felder gehören zusammen (Figur – Beschreibung). Ordne sie richtig zu und trage den richtigen Buchstaben unter der jeweiligen Zahl in die Lösung auf Seite 23 ein!

1

Tom & Jerry

H Charakteristisch sind für ihn sein Anker-Tattoo am linken Unterarm und eine Pfeife im Mund. Von Beruf ist er Seemann. Seine Kraft erhält er durch den Verzehr von Spinat.

A Er ist der reichste Mann Entenhausens und verehrt noch heute seine erste selbst erarbeitete Münze als „Glückstaler". Mittlerweile schwimmt er geradezu im Geld.

4

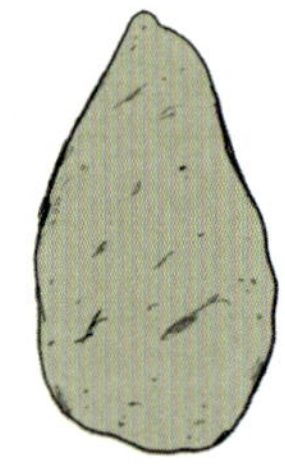

Obelix

T Er liebt Hinkelsteine und kann diese leicht tragen, da er als Kind in einen Kessel voll Zaubertrank gefallen ist. Er wohnt in einem kleinen Dorf in Gallien.

7

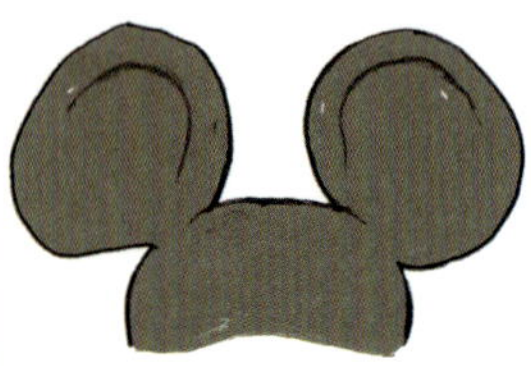

Mickey Maus

15

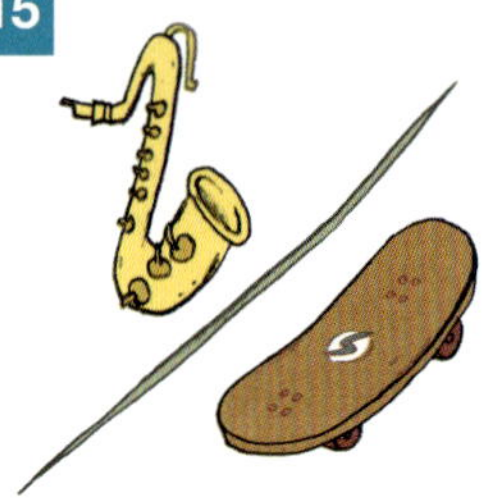

Simpsons

E Er ist übergewichtig, hat ein rotes Fell und liebt Lasagne über alles. Mäuse hingegen frisst er nicht, genießt es aber, mit ihnen ein Schwätzchen zu halten.

11

Daniel Düsentrieb

T Er wird im Dschungel von Affen aufgezogen. Sein Name bedeutet „Weiße Haut". Als Erwachsener begegnet er Jane.

14

Peanuts

M Im belgischen Original heißen sie „Les Schtroumpfs". Auffallend ist ihre blaue Körperfarbe. Der Zauberer Gargamel macht ihnen das Leben schwer.

3

Spiderman

N Als Anführer der Wikinger wird er auch „der Schreckliche" genannt. Zu Hause hat allerdings seine Frau Helga die Hosen an.

A Meistens sieht man den Hasen an einer Karotte herumkauen. Er gehört zu den 22 sogenannten „Looney Tunes", zu denen auch „Tweety" und die Katze „Sylvester" zählen.

5

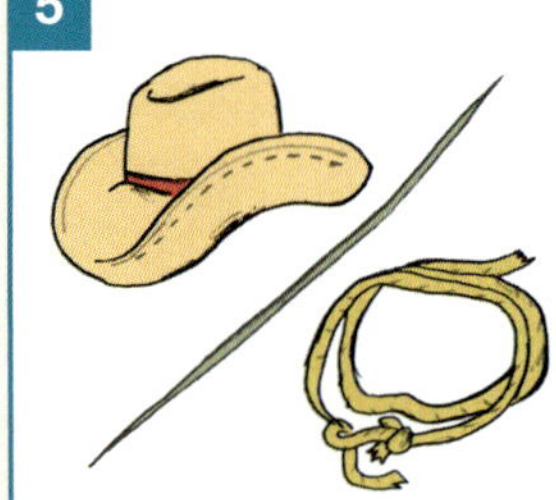

Lucky Luke

17

Donald Duck

A Wilma und Fred leben in der Steinzeit. Der Ausruf „Yabba Dabba Doo!" ist weltberühmt. Betty und Barney Geröllheimer sind die Nachbarn der Familie.

18

Batman

S Am liebsten verbringt er seine Zeit in der Hängematte. Sein Onkel Dagobert leiht ihm oft Geld. Er ist leicht an seiner blauen Matrosenkleidung zu erkennen.

R Sie ist klein und raffiniert, er versucht in unzähligen Folgen sie zu fressen. Wegen seines Misserfolges kann einem der Kater manchmal schon richtig leidtun.

16

Familie Feuerstein

P Diese gelben Bewohner leben in der US-Stadt Springfield. Bart, Homer, Marge, Lisa und Maggie sind die Hauptpersonen. Die Fernsehserie wurde vielfach ausgezeichnet.

9

Schlümpfe

13

Tarzan

E Nachdem er von einer radioaktiven Spinne gebissen wurde, erlangt er Superkräfte und kann z. B. an Wänden hochklettern. Er kämpft für die gute Sache.

12

Popeye

6

Garfield

S Der Fledermausmann hält seine Heimatstadt Gotham City von Verbrechern frei. Er hat keine Superkräfte – seine Waffen sind Intelligenz und Willenskraft.

8

Hägar

C Von Beruf ist er Diplom-Ingenieur und Erfinder. Zur Seite steht ihm sein „Helferlein“. Auch er wohnt in der bekannten Comicwelt „Entenhausen“.

S Sie sind US-amerikanische Vorstadtkinder. Charlie Brown und Snoopy sind die wohl bekanntesten Charaktere dieses Comics.

10

Bugs Bunny

S Er ist heimatlos und jagt Verbrecher – meistens die „Dalton-Brüder“. Sein Pferd heißt „Jolly Jumper“ und sein treuer Hund „Rantanplan“.

2

Dagobert Duck

L Den weißen Handschuhen, einer kurzen roten Hose und gelben Schuhen bleibt sie treu. Sie ist die wohl berühmteste Maus der Welt.

1	2	3	4	5	6	7	8

9	10	11	12	13

14	15	16	17	18

Trage nun im Lesetagebuch auf Seite 4 deinen Lesefortschritt ein!

Zum Aufwärmen

1 Lies die fünf Blitze möglichst schnell und fehlerfrei vor!

Zum Üben

2 Es gibt viele Redewendungen, in welchen der Blitz eine Rolle spielt. Lies sie fehlerfrei in einer Zeit von unter 20 Sekunden!

schnell wie ein Blitz
sich blitzartig umdrehen
Blitz und Donner nochmal!
blitzgescheit
ein Geistesblitz
blitzblank sauber
Du bist ein Blitzer!
potz Blitz!
die Blitze zucken
im Blitzlichtgewitter
mit einer Klage abblitzen
beim Schnellfahren geblitzt

3 Lies den folgenden Text dreimal möglichst schnell und fehlerfrei! Stoppe dabei deine Zeit und versuche, das Tempo bei jeder Wiederholung noch zu steigern!

Das Phänomen Blitz

In der Natur ist ein Blitz eine Funkenentladung oder ein Lichtbogen. Dieser kann zwischen den Wolken oder zwischen Wolken und der Erde auftreten. Dabei fließen elektrische Ströme. Normalerweise tritt ein Blitz während eines Gewitters auf und wird vom Donner begleitet. Oftmals reichen die Blitze von den oberen Regionen der Gewitterwolke bis zum Erdboden und sind dann bis zu 10 Kilometer lang. Dort, wo er dann in den Boden einschlägt, bildet sich ein starkes Spannungsfeld. Mit einem „Blitzeinschlag" bezeichnet man nicht nur die genaue Stelle, wo er auf die Erde auftrifft, sondern auch die Fläche im Spannungsfeld. Dort ist es für Lebewesen besonders gefährlich.

Wenn man in ein Gewitter kommt, sollte man einzelne Bäume, Holzmasten, Bergspitzen, Seen und dergleichen meiden. Es ist auch darauf zu achten, dass man nicht den höchsten Punkt bildet, da dort die Gefahr eines Blitzeinschlages höher ist. Zusätzlich ist es sinnvoll, mit geschlossenen Füßen in die Hocke zu gehen – das erhöht die Sicherheit. Aber nicht nur draußen im Freien sollte man einige Dinge beachten, sondern auch in einem Gebäude. So sind metallene Leitungen, die von draußen ins Haus führen, zu meiden, wie beispielsweise Telefon-, Wasser-, Gas- und Stromleitungen. Natürlich sollte man auch im Haus nicht baden und duschen.

Informationen entnommen aus: https://de.wikipedia.org/wiki/Blitz; http://www.siz.cc

Lesezeit beim ersten Lesen: ______________________

Lesezeit beim zweiten Lesen: ______________________

Lesezeit beim dritten Lesen: ______________________

4 Riesenblitzlesen – Zu Beginn ist das Lesen leicht. Schaffst du beide Blitze schnell und fehlerfrei?

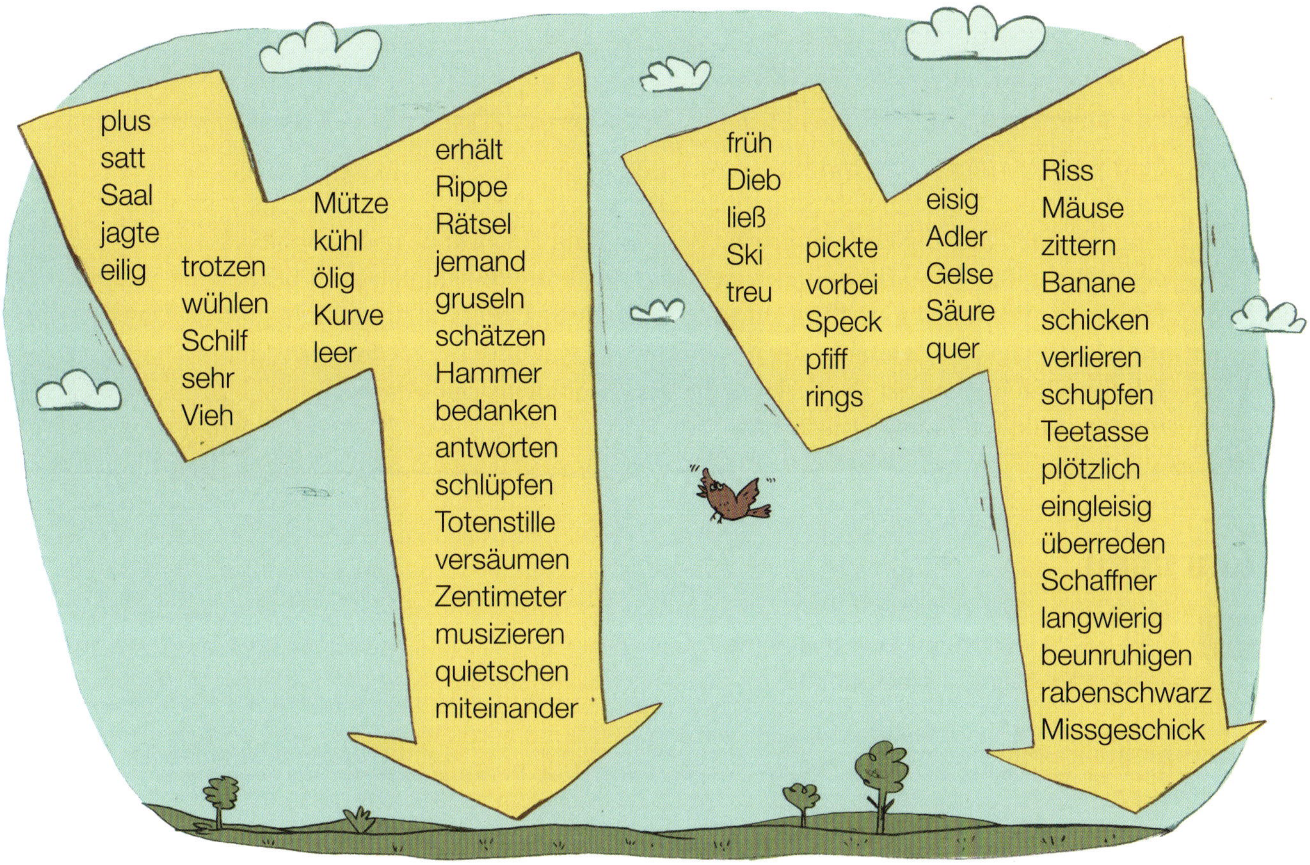

Zum Abschluss

5 In jeder Zeile ist ein Fehler versteckt. Kreise ihn möglichst schnell ein!

Nieselregen Nieselregen Nieselregen Nieselregen Nieselregen Nieselregen Nieselregen Niselregen

Blitzeinschlag Blizeinschlag Blitzeinschlag Blitzeinschlag Blitzeinschlag Blitzeinschlag Blitzeinschlag

Wetterprognose Wetterprognose Wetterpognose Wetterprognose Wetterprognose Wetterprognose

Donnergrollen Donnergrollen Donnergrollen Donnergrollen Donnergrollen Donnergrollen Donnerrollen

Temperatursturz Temperatursturz Temperatursturtz Temperatursturz Temperatursturz Temperatursturz

Unwetter Unwetter Unwetter Unwetter Unwetter Unwetter Unwetter Unwetter Unwette Unwetter

Niederschlag Niederschlag Niederschlag Niederschlag Niederschlug Niederschlag Niederschlag

Regenschirm Regenschirm Regenschirm Regenschirm Regenschirrm Regenschirm Regenschirm

Wolkendecke Wolkendecke Wolkenhecke Wolkendecke Wolkendecke Wolkendecke Wolkendecke

Trage nun im Lesetagebuch auf Seite 4 deinen Lesefortschritt ein!

Zum Aufwärmen

1 Stell dir vor, du bist der gefeierte Preisträger bei einer großen Gala. Lies deine Dankesrede also „würdevoll“, laut und voller Freude vor!

Sehr geehrte Damen und Herren!
Ich freue mich sehr, diesen Preis entgegennehmen zu dürfen. Lange Jahre habe ich darauf hingearbeitet. Ständig und mit großer Anstrengung geschrubbt und geputzt, oft sogar dreimal am Tag. Die Mühen haben sich aber gelohnt. Ich bedanke mich bei meinen Eltern, Freunden, Verwandten und Bekannten für die große Unterstützung. Mein größter Dank jedoch gilt meinem Zahnarzt, der mir immer mit Rat und Tat zur Seite stand.
Ich freue mich sehr über die Verleihung dieser „Goldenen Zahnbürste“ für die weißesten Zähne Österreichs.

Zum Üben

2 Viele Sätze werden in ganz bestimmten Stimmungen geäußert. Achte beim Vorlesen auf einen passenden Klang deiner Stimme!

verärgerter Lehrer	Schon wieder hast du deine Hausübung vergessen – potz Blitz und Donner. Ich werde mit dir in der Pause ein ernsthaftes Wörtchen reden müssen!
erfreute/erstaunte Kinobesucherin	Herrjemine, bin ich aufgeregt! Da ist er ja, dieser tolle, athletische und dynamische Mann. Aber warte mal! Seit wann hat der denn eine Glatze?
mürrischer Gangster	Na toll! Da will man einmal im Leben wo einbrechen und mein Kumpel verliert genau an dem Tag seine Kontaktlinsen, das blinde Huhn!
verängstigter Flugpassagier	St… St… Stewardessssss!? Wwwwo ist die Rettungsweste? Uuund wo das Sauerstoffgerät? Vor allem aber, wwwwo ist der Bbbeutel, wenn mir … übel wird?
jubelnde Lottogewinnerin	Jippiiiii! Alle sechse! Dir kaufe ich einen Porsche! Hey, was möchtest du haben, eine Insel? Meine Güte, ich bin reich! Was kostet die Welt, ha?
müder Schüler	Ja, Mama, ich stehe ja gleich auf. Noch einmal umdrehen. Es kann unmöglich schon wieder Morgen sein. Ich bin bestimmt gleich wach – so in einer halben Stunde.
genervte Frau	Hören Sie mir bitte zu! Ich sage es Ihnen nun wirklich zum letzten Mal! Sie sind hier bei Kleber und nicht bei Weber! Sie haben sich verwählt!

3 Namen kann man sich nicht aussuchen: Sprich die Namen also anständig aus, das unterstrichene Tier darf ja nicht betont werden!

Sieglinde Gelbmeisel
Kurt Knödelsauer
Annika Kneselhuber
Theoderich Großwaler
Karl-Gustav Knaffenhof
Marianne von Hundebingen
Frederike Ferkelini
Günter Anvogelmair
Sissi Spinnebald

4 Lies die vier Gedichtauszüge mit besonderem Ausdruck vor! Entscheide vorher, welche der Stimmungen im Kasten zu welchem Gedicht am besten passt.

fröhlich • ruhig • traurig • verliebt

Leise tönt die Abendglocke

Leise tönt die Abendglocke,
alles leget sich zur Ruh,
Vöglein singen Abschiedslieder,
Sonne sank nach Westen zu.

Verfasser unbekannt

Stimmung: ____________

Mariechen saß weinend im Garten

Mariechen saß weinend im Garten,
im Grase lag schlummernd ihr Kind,
mit ihren schwarzbraunen Locken
spielte leise der Abendwind.
Sie saß so still, so traurig, so einsam, geisterbleich.
Die Wolken zogen schaurig, und Wellen schlug der Teich.

Joseph Christian Freiherr von Zedlitz

Stimmung: ____________

Der frohe Wandersmann

Die Bächlein von den Bergen springen,
die Lerchen schwirren hoch vor Lust,
was sollt ich nicht mit ihnen singen
aus voller Kehl und frischer Brust?

Joseph Freiherr von Eichendorff

Stimmung: ____________

Müde kehrt ein Wanderer zurück

Müde kehrt ein Wandersmann zurück
nach der Heimat, nach der Liebe Glück.
Und bevor er kehrt in Liebchens Haus,
kauft er für sie den schönsten Blumenstrauß.

Lebrecht Dreves

Stimmung: ____________

Zum Abschluss

5 Paul Plauderdampf erzählt ausführlich von seinen Abenteuern. Lies sie ausdrucksvoll vor und überlege, was daran alles nicht stimmen kann. Findest du alle fünf Fehler? Kreise sie ein!

Man sollte nicht alles glauben

Abenteurer wie ich erleben in ihrem heldenhaften Leben ja so einiges. Gut erinnere ich mich daran, als ich alleine gegen den wohl größten Eisbären am Südpol gekämpft habe. Alle anderen sind vor diesem riesigen Ungetüm geflohen. Ich weiß nicht, ob ihr Polen kennt – das Land ist in Südamerika. Da habe ich meine ersten Fledermäuse gesehen. Also deren Zähne sind einfach zum Fürchten. Einen Riesenschreck habe ich bekommen, als wir bei den Pyramiden in Japan Grabräubern in die Quere gekommen sind. Die wollten doch tatsächlich Mumien klauen! Als ich durch Asien reiste und dort die Freiheitsstatue sah, wusste ich, dass mich meine Abenteuerlust niemals loslassen wird. Also machte ich mich auf zu neuen Ufern und reiste nach Afrika. Nichtsahnend schipperte ich auf einem Boot auf dem Nil entlang und angelte gemütlich in diesem riesigen Fluss nach Fischen, als plötzlich ein Weißer Hai nach meiner Angel schnappte! Natürlich verlor ich nicht die Nerven, sondern bewahrte Ruhe, wie es sich für einen Weltenbummler gehört.

Trage nun im Lesetagebuch auf Seite 4 deinen Lesefortschritt ein!

Sprungbrettlesen

Das Sprungbrettlesen ist eine schwierige Angelegenheit! Verbinde die Sprungbrett-Sätze mit dem richtigen Fass, indem du die passende Nummer ins Fass schreibst. Lies die zehn Sätze anschließend möglichst fehlerfrei laut vor.

1. Die Waghalsige schlendert todesmutig zum Sprungturm, um das höchste Sprungbrett zu
2. Der Tollkühne lässt sich keine Angst anmerken und schreitet ohne mit der
3. Die Wagemutige konzentriert sich, holt tief Luft und taucht tatsächlich
4. Der Tapfere trainiert mit großem Eifer und schafft locker die Prüfung
5. Die Mutige klettert ohne Furcht auf den 3-Meter-Turm, stellt sich
6. Der Unerschrockene hüpft in den kalten Gebirgssee, ohne sich
7. Die Überlegte wartet bei der Wasserrutsche mit dem Start,
8. Der Vorsichtige mit der empfindlichen Haut schmiert
9. Die Misstrauische geht vor dem Baden rund um den
10. Der Ängstliche bibbert schon beim Anblick dieses

- See, um zu schauen, ob es keine Wasser-schlangen gibt.
- bis Peter weit genug entfernt ist.
- Turmes und macht sich heimlich auf den Weg zu den Kabinen.
- an den Rand des Brettes und zeigt dann einen perfekten Salto.
- Wimper zu zucken zum 10-Meter-Turm.

Baderegeln

In Wirklichkeit ist beim Turmspringen & Schwimmen natürlich stets Vorsicht angesagt! Die Baderegeln geben dir die wichtigsten Eckpunkte dabei vor. Kannst du sie trotz Wellenschrift flüssig lesen?

1. **GESUNDHEIT:** Wenn du schwimmen gehst, musst du gesund sein!
2. **HINWEISSCHILDER BEACHTEN:** Auf den Hinweisschildern kannst du lesen, was im Schwimmbad erlaubt und was verboten ist. Daran musst du dich halten!
3. **DUSCHEN, ABKÜHLEN:** Geh erst dann ins Wasser, wenn du dich geduscht und abgekühlt hast!
4. **KÄLTEGEFÜHL:** Bleib nicht im Wasser, wenn dir kalt ist, du kannst sonst Krämpfe bekommen! Krämpfe sind für den Schwimmer gefährlich!
5. **OHRENERKRANKUNGEN:** Wenn du Ohrenschmerzen oder eine Ohrenverletzung hast, darfst du nicht schwimmen, springen oder tauchen!
6. **ESSEN:** Wenn du viel gegessen hast, warte eine Stunde, bevor du wieder ins Wasser gehst.
7. **STARKE SONNE:** Schütze dich vor der Sonne (Sonnencreme, Kappe, T-Shirt)! Wenn dir heiß ist, darfst du nicht ins kalte Wasser springen!
8. **ÜBERMUT:** Lass dich von anderen nicht dazu überreden, etwas zu tun, was du nicht gut kannst (weit hinausschwimmen, ins Wasser springen oder tauchen).
9. **SPRINGEN:** Spring nur dort ins Wasser, wo es erlaubt ist! Du darfst dabei niemanden in Gefahr bringen! Spring ja nicht in Gewässer, die du nicht kennst, es könnten viele Gefahren lauern!
10. **VORSICHT IM ERLEBNISBAD:** Im Erlebnisbad sind oft viele Menschen. Beobachte daher auch die Leute in deiner Umgebung! Ruf Hilfe herbei, wenn jemand in Gefahr ist!

Quelle: ARGE Österreichisches Wasserrettungswesen. Entnommen aus: http://www.schwimmabzeichen.at

Trage nun im Lesetagebuch auf Seite 4 deinen Lesefortschritt ein!

Zum Aufwärmen

1 Hier hat Harry für dich einen Zauberspruch verschlüsselt. Kannst du ihn entziffern?

Wllst du de Gedanken der
Menschen lesen,
so schwnge dch des Nachts
auf denen Besen.

Fliege nun zu einem dir
beknnten Wld,
und smmle Zutten, du
bruchst sie schon bld.

Lärchnzapfn, Tannnnadln,
frischs Moos, Morgntau,
Fuchsschwanzhaar, hast
du si, dann los.

n enem Kupfertopf über
offenem Feuer,
gb alles ren – es wrd warm
m Gemäuer.

Rühre dreiml links und dreiml
rechts herum,
bist du bemüht, dnn hst du
nun dein Serum.

Trink s nur bi strnnklarr Nacht
um zhn,
dann kannst du all Gdankn wi
Bildr shn!

Zum Üben

2 Lies dir den Text links aufmerksam durch! Finde im Anschluss im rechten Text die 10 Fehler und kreise sie ein!

Die Geburtsstunde Harry Potters

Die Idee zu Harry Potter kam Joanne K. Rowling 1990 im Zug von Manchester nach London. Sie erzählt, dass ihr plötzlich ein kleiner, dürrer Junge in den Sinn kam und sich die Geschichte um ihn herum zu entwickeln begann. Sie beschreibt es als ein unglaublich bewegendes Gefühl, das sie vorher noch nie beim Schreiben hatte. Leider fand sie keinen Stift, um sich Notizen zu machen. In den vier Stunden Verspätung, die der Zug hatte, sprudelten die Ideen nur so in ihrem Kopf herum. Rowling begann dann sofort in ihrer Wohnung mit dem Niederschreiben ihrer Einfälle. Sie bezeichnet die Beziehung zum Schreiben von Harry Potters Geschichte als eine Liebesbeziehung. Einiges aus ihrem Leben brachte sie in die Geschichte mit ein. Auf dem Bahnhof King's Cross haben sich beispielsweise ihre Eltern kennen gelernt. Die Dementoren entstanden an die Erinnerung, als Rowling ohne Geld, geschieden und mit ihrer kleinen Tochter aus Portugal zurückkam. In der Zeit lebte sie von Sozialhilfe und war sehr niedergeschlagen. Bis das erste Buch fertig war, dauerte es fünf Jahre.

Die Geburtsstunde Harry Potters

Die Idee zu Harry Potter kam Joanne K. Rowling 1995 im Zug von Manchester nach Liverpool. Sie erzählt, dass ihr plötzlich ein kleiner, dürrer Junge in den Sinn kam und sich die Geschichte um ihn herum zu entwickeln begann. Sie beschreibt es als ein unglaublich bewegendes Gefühl, das sie vorher noch nie beim Tanzen hatte. Leider fand sie keinen Stift, um sich Notizen zu machen. In den vier Stunden Verspätung, die der Bus hatte, sprudelten die Ideen nur so in ihrem Kopf herum. Rowling begann dann sofort in ihrer Villa mit dem Niederschreiben ihrer Einfälle. Sie bezeichnet die Beziehung zum Schreiben von Harry Potters Geschichte als eine Leidensbeziehung. Einiges aus ihrem Leben brachte sie in die Geschichte mit ein. Auf dem Parkplatz King's Cross haben sich beispielsweise ihre Eltern kennen gelernt. Die Todesser entstanden an die Erinnerung, als Rowling ohne Geld, geschieden und mit ihrer kleinen Tochter aus Peru zurückkam. In der Zeit lebte sie von Sozialhilfe und war sehr niedergeschlagen. Bis das erste Buch fertig war, dauerte es fünfzehn Jahre.

3 Kreuze nun die richtigen Aussagen an, ohne dabei aber im Text auf Seite 30 nachzulesen!

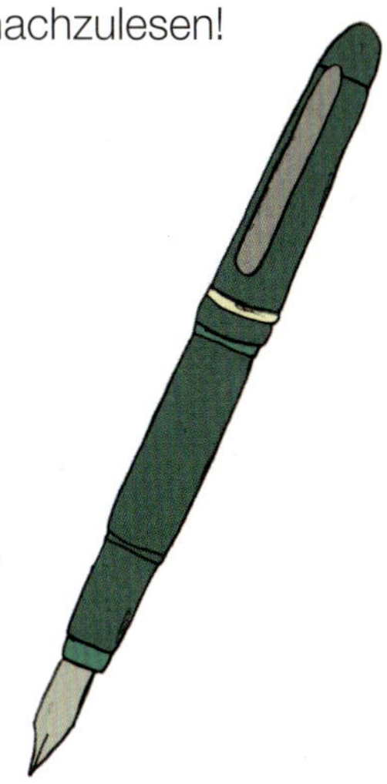

- ☐ Die Zugfahrt ging von London nach Manchester.
- ☐ Der Zug hatte vier Stunden Verspätung.
- ☐ Die Ideen zu Harry Potter entwickelten sich über mehrere Monate.
- ☐ Mit den Dementoren verbindet Rowling eine glückliche und erfolgreiche Zeit.
- ☐ Sie hatte keinen Stift dabei, um sich Notizen zu machen.
- ☐ Auf dem Bahnhof King's Cross trennten sich ihre Eltern.
- ☐ Noch nie zuvor verspürte die Autorin ein so bewegendes Gefühl beim Schreiben.
- ☐ Rowling hat eine Tochter.
- ☐ Bis alle Bücher fertig waren, dauerte es fünf Jahre.
- ☐ Joanne K. Rowling lebte für einige Zeit von Sozialhilfe.

Zum Abschluss

4 Kennst du diese Begriffe aus Harry Potter? Verbinde sie richtig!

Hogwarts-Express	Jede Hexe und jeder Zauberer hat ein Tier. Sie ist Harrys weiße Schneeeule.
Mr. & Mrs Dursley	Sie sind Harrys beste Freunde und begleiten ihn durch die Schuljahre.
Winkelgasse	Das ist der Sport in Hogwarts.
Hedwig	Die beiden sind Harrys Onkel und Tante. Bei ihnen wächst er auf.
Muggels	Es ist die Einkaufsstraße schlechthin, wo man Zauber-Zubehör kaufen kann.
Gleis neundreiviertel	Dies ist ein Zug, der die jungen Hexen und Zauberer nach Hogwarts bringt.
Ron & Hermine	Hier gelangt man vom „normalen“ Bahnhof zum Gleis vom Hogwarts-Express.
Quidditch	So werden alle genannt, die über keine Magie verfügen.

Trage nun im Lesetagebuch auf Seite 4 deinen Lesefortschritt ein!

Die alljährlichen Sommerlesespiele warten auf dich!
Streng dich an, dann ist sogar eine Medaille möglich!
Bereite schon mal eine (Stopp-)Uhr vor!

Zum Aufwärmen

1 Wärme deine Augen auf und zähle alle hier abgebildeten Ringe! ______

Zum Üben

2 Der 70-Zentimeter-Hürdenleselauf wartet auf dich. Stoppe deine Zeit! Drei Versuche hast du, die beste Zeit zählt!

Hürdenlauf zur der athletik. Athleten mit Geschwin
Der gehört Disziplin Leicht Die sprinten hoher digkeit

die bahn über gen Hürden. Diese je Lauf un schied
über Lauf und sprin dabei sind nach strecke ter lich

hoch. maler immer den über der lauf Halle
Nor weise werden zehn Hür laufen. Findet Hürden in einer statt,

sind es der kann Hür läufer erik Glenn
fünf. Einer be testen den war der Am aner Davis.

Kreise die erreichten Punkte ein:

20–30 Sekunden: 4 Punkte	31–35 Sekunden: 3 Punkte	36–40 Sekunden: 2 Punkte	41 und mehr Sekunden: 1 Punkt

3 Die Kurzdisziplin „Speerlesen“ wartet hier: Folge der Flugbahn und lies den Zungenbrecher fehlerfrei und blitzschnell. Du hast nur einen Versuch, zähle deine Fehler!

Wirf den Speer, das ist schwer, nicht quer, sondern gerade und so weit, wie es geht, aber gescheit! Bist bereit?

Kreise die erreichten Punkte ein:

0 Fehler: 4 Punkte	1 Fehler: 3 Punkte	2 Fehler: 2 Punkte	3 und mehr Fehler: 1 Punkt

4 Treppenlesen fordert Kondition und Konzentration, du hast nur einen Versuch! Beginne unten an der Treppe bei 1, die Farben helfen dir bei der Orientierung. Lies möglichst schnell, zähle dabei die gemachten Fehler!

10	An der obersten	Pudel gerade an die	der meisten Schüler,	frische Fische	und langlebiger.
9	Ludwig hatte seinen	sind, nach Ansicht	fischt frische Fische,	sind sie robuster	Schlange gebildet.
8	Die Sommerferien	Fischers Fritz	etwas mehr, dafür	bereits eine lange	Ergebnis nochmals.
7	Ein Zungenbrecher:	kosten zwar meist	der Filmpremiere	und überprüft das	der Zupfinstrumente.
6	Möbel aus Vollholz	hatte sich wegen	aus der Schultasche	zählen zur Gruppe	deutlich verlängert.
5	An der Kinokassa	Petra ihren Rechner	und die Mandoline	Vorteil der Kunden	Tante am Telefon.
4	Schnurstracks holt	Zither, die Harfe	haben sich zum	erklärte ich meiner	wieder unten sein.
3	Die Gitarre, die	des Elektromarktes	gestern bereitet“,	man ganz schnell	Dogge entgegenkam.
2	Die Öffnungszeiten	hat mir dein Besuch	angekommen, kann	als ihnen eine riesige	des ganzen Jahres.
1	„Eine riesige Freude	Treppenstufe nun	Leine genommen,	die schönste Zeit	fischt Fischers Fritz.

Kreise die erreichten Punkte ein:

0 Fehler: 4 Punkte	1–2 Fehler: 3 Punkte	3–4 Fehler: 2 Punkte	5 und mehr Fehler: 1 Punkt

5 Die Disziplin Rückwärtslesen gehört zu den schwierigsten Aufgaben. Stoppe nach einer Trainingsphase deine Zeit. Für jeden gemachten Fehler gibt es zwei Strafsekunden!

Bei den Olympischen Spielen treten Athleten und Mannschaften in verschiedenen Sportarten gegeneinander an. Ursprünglich gab es die Olympischen Spiele bereits etwa 2000 Jahre vor Christi Geburt. Der Name kommt vom damaligen Austragungsort Olympia in Griechenland. Die Spiele waren damals sehr brutal, sodass die Sportler mit ihrem Tod rechnen mussten. Den Siegern wurde ein Kranz aus Olivenzweigen auf den Kopf gelegt. Zudem wurden sie in Münzen und Statuen verewigt. Die Verlierer dagegen mussten Spott über sich ergehen lassen.

Kreise die erreichten Punkte ein:

40–50 Sekunden: 4 Punkte	51–60 Sekunden: 3 Punkte	61–70 Sekunden: 2 Punkte	71 und mehr Sekunden: 1 Punkt

Zum Abschluss

6 Zähle nun alle erreichten Punkte richtig zusammen und kreise deine erreichte Platzierung ein!

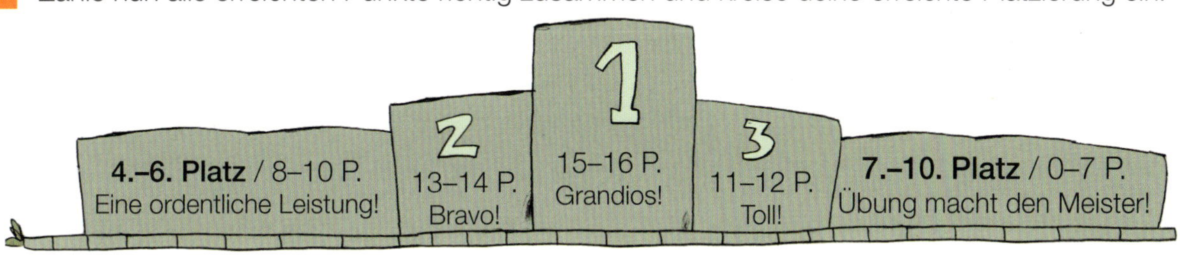

Trage nun im Lesetagebuch auf Seite 4 deinen Lesefortschritt ein!